NOVVELLES
OEVVRES

DE MONSIEVR

DE

VOITVRE.

A PARIS,

Chez AVGVSTIN COVRBE', en la petite Salle
du Palais, à la Palme.

M. DC. LVIII.

AVEC PRIVILEGE DV ROY.

LE LIBRAIRE
AVX LECTEVRS.

Velqués personnes ont eu cette opi-
nion, des diuerses Impressions que ie
vous ay données iusqu'icy, des Lettres
& des Vers de feu Monsieur de Voi-
ture : qu'on n'auoit pas fait vn choix assez exact
de ses escris, qu'il n'y deuoit entrer que les pieces
les plus acheuées ; & que les belles choses qu'il
a faites, y perdent vne partie de leur grace, par
le meslange des mediocres. Quelques autres, ont
tenu au contraire, que tout estoit precieux de cét
Autheur ; qu'il n'a point tiré de si petite ligne qui
n'ait son prix ; & que tout ce qu'il escriuoit, gar-
dant tousiours le rare charactere de son Esprit,
il se falloit bien donner de garde d'en supprimer
les moindres billets. L'vne & l'autre de ces deux
opinions a eu ses partisans, & partisans si qua-

LE LIBRAIRE

lifiez, & fi celebres, qu'il feroit difficile de fe deter-
miner à l'vn des partis, au preiudice de l'autre.
Auffi n'ayant garde d'entreprendre de decider icy,
lequel de ces deux fentimens eft le plus plaufi-
ble & le mieux fondé. Ie vous diray feulement,
que l'accüeil fauorable que le public a fait aux
Oeuures de cét Autheur, m'a animé à la recherche de quelques autres pieces de fa façon, qui ne
fuffent point encore venuës à voftre connoiffance :
Et ie n'ay pas efté fi malheureux en cette feconde nauigation, où ie me fuis embarqué par le
defir de vous complaire ; que ie n'y aye defcou-
uert de nouuelles terres abondantes en fruicts,
dignes de voftre curiofité, & de voftre gouft.
Mais comme il eft des productions de l'Efprit
comme de celles de la Nature ; & que dans
les vnes ni dans les autres tout ne fe rencontre
iamais d'efgale force, ni de pareille valeur : fi
tout ne vous femble pas exquis de celles-cy ; au
moins i'ofe vous affeurer que vous n'y trouuerez rien qui ne foit digne de vous eftre offert ; &
il ne m'arriuera point de rougir de mon prefent,
tandis que ie ne vous donneray que ce qui part de
cette main. Feu Monfieur le Comte d'Auaux,
dont la Vertu fera toufiours égalemeent reuerée
des François & des Eftrangers, qui feul pouuoit

par son estime faire la reputation d'vn Autheur,
& qui estoit vn de ceux qui disoient qu'il ne falloit rien perdre dès escris du nostre : nous auroit bien donné par cét auis, l'exemple de faire de
quelques vnes de ses Lettres, qui ont esté trouuées
parmy les papiers de l'Autheur, ce qu'il conseilloit
qu'on fit de celles de l'Autheur mesme. En effet elles
sont si belles, & si capables de contribuer à la gloire
de l'vn & de l'autre ; que ie n'aurois fait aucune
difficulté de les donner au Public ; si les Maistres
des rares tresors de son Esprit, & qui en r'enfer-
ment beaucoup d'autres dans leur cabinet, l'a-
uoient voulu permettre. Que si le temps les met
en quelque meilleure disposition de vous obliger ;
& que quelque autre obtienne d'eux ce consentement, ie ne manqueray pas de vous les donner.
Elles vous forceront d'auoüer que ce grand homme, n'estoit pas moins consommé en la science de
bien dire, qu'en celle de bien faire, & qu'il estoit
capable de toutes choses. Ie n'en vseray pas de
mesme d'vne autre piece, dont vne personne
d'éminente condition de l'autre sexe, vous auroit
voulu priuer. Vous serez donc auertis sur ce suiet, qu'vne Dame de grande qualité, & sans com-
paraison de plus grand merite : ayant inuenté le
plus ingenieux sujet de Roman dont l'esprit hu-

main se puisse auiser, sous le nom fameux d'Alcidalis: Nostre Autheur sur le dessein qu'elle luy
en auoit communiqué, auoit commencé de le redi-
ger par escrit, & les fueilles manuscriptes en
ayant pareillement esté trouuées parmy ses papiers
apres sa mort; si le iugement que la modestie de
cette Dame luy fait faire, d'vn Ouurage où elle a
tant de part, en auoit esté creu, il auroit continué
de demeurer enseueli dans les mesmes tenebres où
il a esté iusqu'icy. Mais ce Fragment en l'e-
stat que pour son malheur, (ou plustost pour
le nostre) il se trouue auiourd'huy ; merite
mieux, que la consideration particuliere de ce qui
la regarde, ne luy permet d'en penser. C'est vn
échantillon d'vne fort belle piece, qui tout esloigné
qu'il est de sa perfection & de la derniere main
de l'Autheur : ne laisse pas de donner suffisamment à connoistre la noblesse & la dignité de
son sujet, & qui en laisse dans l'esprit vne si belle
Idée, que ce ne sera pas sans laisser en mesme temps
à la posterité qui le verra, vn regret eternel que
l'Escriuain en soit demeuré là. A moins que le
mesme Esprit à qui la gloire de l'inuention en est
deuë, voulut donner la piece toute entiere de sa façon. Aussi Monsieur de Pinchesne neueu de l'Autheur, à qui vous deuez le premier recüeil de ses

AVX LECTEVRS.

Oeuures, comme plus interessé que personne à la gloire de Monsieur son Oncle ; en a iugé auec quelques-vns de ses Amis, plus fauorablement qu'il n'a pleu à cette illustre personne de faire. Monsieur Costar entre autres a appuyé de son auis par escrit, le iugement qu'il en auoit fait : & pretendant qu'autant sur leur commun conseil, que sur la foy du nom de ses Autheurs, il n'y a rien à craindre de cét Ouurage ; il a creu, qu'il me le pouuoit liurer de son chef, sans aucune autre authorité, & qu'en se chargeant tout seul du reproche que le public luy en pourroit faire, il n'estoit pas besoin d'vn ample consentement. Vous luy aurez encore à la faueur de ce premier, l'obligation d'vn autre Fragment de l'Eloge du Comte-Duc d'Oliuares ; qui tout tronqué qu'il est, ne laisse pas pour la grauité de son suiet, & pour les nobles sentimens d'vn veritable Ministre d'Estat qui s'y trouuent, d'estre digne de vostre curiosité. C'est tout ce que i'ay pû recüeillir de plus rare & de plus nouueau, des écrits d'vn Autheur si celebre : & comme apres l'applaudissement que ses premieres Oeuures ont eu, c'est meriter du public que d'en faire de nouuelles recherches ; ie vous prie, pour principal payement, de m'en sçauoir au moins quelque gré.

NOVVELLES
OEVVRES
DE
MONSIEVR
DE
VOITVRE.

NOVVELLES
LETTRES
DE MONSIEVR
DE VOITVRE.

A MONSEIGNEVR LE CARDINAL
de la Valette.

LETTRE I.

ONSEIGNEVR,

Iufqu'à ce que la Rochelle ait efté renduë, ie
croy qu'il a efté neceffaire que vous ne quitaffiez
point l: Roy, & qu'vne fi grande affaire comme

A ij

celle-là, auôit befoin, pour eftre acheuée, de voftre préfence, & de l'affiftance de voftre génie. Mais ſi vous ne reuenez bien vifte, à cette heure que vous n'auez plus de prétexte de vous y arrefter, vos affaires feront en plus mauuais termes que celles des Huguenots, & dans le temps de la félicité publique, & que tout le monde efpére d'eftre en repos, vous feul ne iouïrez point de la paix, & aurez vne dangereufe guerre ſur les bras. Il y a def-ja quelques iours, Monfeigneur, que l'on commence à murmurer icy, de ce que vous de-meurez-là trop long-temps. Quelques Ennemis couuerts, que vous auez auprés de vous, ont efcrit, que vous ne vous y ennuyez pas affez, & i'ouïs l'autre iour lire vne lettre, où l'on affeuroit que l'on vous y voit rire quelquefois. Cela irrita icy contre vous les efprits de tout le monde. Vne Dame qui ne fe fafche pas légérement, mais qui ne pardonne iamais, tefmoigna d'en eftre fort offenfée : & Mademoifelle de Rambouïllet & Mademoifelle Paulet s'en hérifférent toutes, & en rugirent horri-blement, & propoferent à l'heure mefme, d'aller piller voftre logis. Si vous fçauiez, Monfeigneur, auffi bien que moy, de quelle forte leur haine eft à craindre, & combien de maux ont à endurer ceux qui fouffrent leur perfécution, vous abandonne-riez toutes chofes pour reuenir en diligence, & ne vous arrefteriez pas vn moment en chemin, que pour boire du lait à toutes les poftes. Car ſi vne

fois elles confpirent contre vous, voftre Dignité
ne vous fçauroit mettre à couuert; vous ferez par
tout en alarme, & en inquiétude, & il n'y aura
plus dans le Monde vn lieu de feureté pour vous.
Pour moy, Monfeigneur, dans les tourmens qu'elles me donnent, fi ie vois quelque confolation,
c'eft feulement en l'efpérance de voftre retour, &
ie m'imagine que ce me fera quelque foulagement
que d'auoir l'honneur de vous voir, & le plaifir
de n'eftre plus obligé d'efcrire à perfonne. Ne vous
eftonnez donc pas, s'il vous plaift, que ie le fou-
haite ardemment, puis que i'y ay tant d'intereft,
& que ie fuis paffionnement.

AV MESME.
LETTRE II.

MONSEIGNEVR,

Quoy que i'espere estre dans quelques iours plus prés de vous que ie ne suis, ie crois qu'il est à propos que i'en prenne congé dés cette heure, & que ie vous die qu'enfin, aprés beaucoup de peine, ie suis résolu d'aller trouuer mon Maistre, voyant que ie n'en ay plus icy. Selon que ie puis entendre, ce n'est pas me mettre du costé des plus forts, & ie ne crois pas que ie le fortifie guére par ma présence: Au moins, ie vois bien, par l'exemple de Monsieur de Lorraine, & le peü de secours qu'il a apporté aux affaires de l'Empereur, que les grands hommes ne font pas tousiours toutes choses, & qu'ils ont besoin de l'assistance des autres, & de celle de la Fortune. Tant y a, Monseigneur, que ie feray tousiours vne grande action en sortant de Paris, & ie crois qu'il faut autant de courage & de force pour quitter cette Ville, que pour en prendre autant que le Roy de Suéde en tient en Allemagne. Il est vray, Monseigneur, qu'il y a moins de difficulté, à cette-heure que vous n'y estes pas; Et i'auoüe que la fortune m'a aydé beaucoup à m'y ré-

foudre, en vous en tirant; Car, fans mentir, ie doute
fi i'euffe iamais pû en fortir, tant que i'euffe eu
l'honneur de vous y voir, & que i'euffe pû y demeurer auec vn fi beau prétexte que celuy d'eftre
auprés de vous. Mais, Monfeigneur, les perfonnes qui me pourroient icy donner de la ioye, re-
mettent toutes les leurs à voftre retour, & tous les
deffeins de Bals & de Comedies fe différent iufques
à ce temps-là. Ie ne fçay pas, Monfeigneur, fi c'eft
voftre abfence, ou celle de la Cour, qui ofte quelque chofe de leur gayeté: mais ie vous affeure que
ie ne leur vois plus rien faire de bon cœur, que
quand elles parlent de vous. Dans vn fi grand nombre des plus aymables perfonnes du monde, dont
vous poffédez l'affection, ie n'ay garde de croire,
Monfeigneur, que la mienne vous puiffe eftre confiderable: mais il me femble que ie ferois ingrat, fi
ie m'empefchois de vous dire, que les graces que i'ay
receuës de vous, ont fait en moy l'effet qu'elles doiuent en vn cœur bien reconnoiffant, & qu'entre
tant d'hommes à qui vous auez fait du bien, il n'y
en a point qui foit tant que moy.

AV MESME.
LETTRE III.

MONSEIGNEVR,

I'eſtois en doute ſi ie deuois vous parler d'vne
affaire qui m'eſt extrémement importante: Mais
Madame la Marquiſe de Ramboüillet m'a aſſeuré
qu'il n'y auoit point de danger , & ie ne fay point
de difficulté de la croire, vous ayant ouï dire beaucoup de fois, qu'elle eſt vne des plus prudentes perſonnes du monde, & que lon ne peut faillir par ſon
conſeil. ✳✳✳✳✳✳✳✳✳✳✳✳✳✳. Ayant deſia receu
tant de bien de vous , ie n'euſſe pas oſé vous impor-
tuner encore de cette affaire, ſi elle euſt eſté pour
moy de moindre conſéquence. Mais , Monſeigneur, ie ſçay bien que vous ne vous laſſez iamais
de bien faire, & i'eſpere que vous qui n'auez pas
eſpargné voſtre bien pour me ſecourir, ferez bien-
aiſe de ſauuer le mien, en cette occaſion, & de me
faire le plus important plaiſir que ie puiſſe iamais
receuoir de perſonne. Ie vous ſupplie tres-humblement, Monſeigneur, de me pardonner, & de
croire que ie ſuis auec toute ſorte de reſpect.

Voſtre, &c.

AV MESME.
LETTRE IV.

MONSEIGNEVR,

Comme nous auons esté au milieu de nostre
voyage, vn vent Nor-touëst s'est leué de terre,
& s'est renforcé de telle sorte, qu'il nous a contrains
de gagner ce lieu, qui est vn petit port de Mer ap-
pellé Mont-rouge. La pluye a esté si violente, &
l'orage si grand, que c'est vne merueille que nous
nous soyons sauuez : Et sans les prieres des gens de
bien, qui se sont trouuez auec nous, ie crois que
nous estions perdus. Mademoiselle de Ramboüillet, dans le fort du péril, a voüé que deux mois
durant vous iriez tous les huit iours à confesse : &
moy, à vn grand coup de vent, i'ay promis que
vous ieusneriez trois iours entiers. Nous vous
supplions tres-humblement, Monseigneur, de
nous aquiter exactement de nos vœux : Car nous
ne sommes pas tellement hors de danger, que
nous deuions rien mespriser. L'air est encore extrémement broüillé, & nous voyons des signes au
Ciel, & des esclairs qui nous font tous transir.
C'est vne chose pitoyable de nous voir en ce lieu ;
Mais tant que ce vent tirera ce seroit vne temerité

B

trop grande d'en partir. L'on nous a dit que l'on
taſchera à nous trouuer icy du pain, & que dans
huit iours, il pourra y auoir des febues. Sur cette
eſperance, Monſeigneur, nous vous baiſons tres-
humblement les mains, & moy particulierement,
qui ſuis,

MONSEIGNEVR,

Voſtre, &c.

A MADAME ***.
LETTRE V.

IL faut croire que les Procés vous plaiſent bien
fort, puiſque vous ne ſçauriez vous empeſcher
d'en faire ſans ceſſe à la perſonne que vous aymez
le mieux, & à vn miſerable qui fait aujourd'huy
pitié à tout le monde, ſi ce n'eſt à vous. l'attendois
de la conſolation de vos lettres ; Ie n'en ay ouuert
pas vne qu'auec vne eſpérance certaine de trouuer
ma guériſon dedans. Cependant, il s'eſt trouué
qu'elles m'ont touſiours laiſſé plus triſte, que ie ne
l'eſtois auant que de les auoir reçeuës, & que depuis
tant de iours que ie ne vous vois point, ma fiéure ni
les douleurs qui m'ont oſté le ſommeil, ne m'ont
pas fait tant de mal que vous. Si i'eſtois de voſtre
humeur, i'aurois dequoy entretenir long-temps ce
commerce de plaintes perpetuëlles, & nous-nous
eſcririons tous les iours vn poulet pour nous que-
reller. Mais i'auouë que c'eſt vn ſtile auquel ie ne
me plais pas tant que vous, & puiſque vous ne me
donnez pas ſujet de vous rien mander de plus agreable ; Ie ne vous puis rien dire à cette heure, ſi ce
n'eſt, Adieu.

B ij

BILLET.

A LA MESME.

C'EST chez-vous qu'il faut que ie cherche tout ce que i'ay perdu, & ie pense que ie ne puis rien defirer que ie n'y retrouue. Ie vous prie de chercher parmy la poufiere de voftre Cabinet, la lettre que i'efcriuis à Monfieur de Balzac; ou bien fi vous ne voulez pas vous donner tant de peine, ie vous prie de m'en faire viftement vne meilleure. En recompenfe, Madame, ie vous enuoye de tout mon cœur le bon iour, & ie vous prie de vous affeurer de ma bien-veillance.

A MADAME ***.
LETTRE VI.

IE ferois rauy d'auoir reçeu deux grandes pages
de vous, & de si bonnes paroles, n'estoit que ie
trouue qu'il y a des plaintes meslées : & qu'en m'af-
furant de vostre affection, vous témoignez de douter de la mienne.   C'est me faire beaucoup de bien
en me reprochant que ie ne le merite pas, & cela est
proprement me baiser la main, & me tenailler le
cœur.   Ha! M. ie vous conjure ne m'outragez
plus de la sorte, ou dites-moy ce qu'il faut que ie
fasse. Ie souffrirois plus patiemment que vostre cors
vous sist crier, mais vostre mal de teste me tuë. C'est
signe toutefois que la fiéure n'est pas grande, quand
elle permet qu'on se plaigne de la teste, & ie voy
bien que vos autres maux ne vous traitent que doucement, puisque vous sentez celuy-là. Encore suis-je
bien-aise de voir que pour reprendre quelques-vnes
de mes actions, vous soyez contrainte de rechercher
ma vie si auant : & que la derniere faute que vous me
reprochez, il y a quatre ans que ie l'ay faite. Mais ie
vous prie pour nostre repos oublions le passé, & qu'-
vne nuit bien espaisse couure tout ce temps-là de ses
ombres. S'il s'y est passé quelque mal-heur qui puisse estre reproché à cette belle affection que nous.

auons fait naiſtre depuis. Helas! I'en ay peut-eſtre
plus de regret, que ie n'y ay eû de faute. Ne
tournons donc plus la veuë de ce coſté-là, & ie
vous prie ne regardons point derriére nous. Ce n'eſt
pas que ie craigne que vous me connoiſſiez coupable, ou que vous trouuiez quelque choſe contre
moy. Mais il me déplaiſt ſeulement d'eſtre accuſé
de ce crime. La recherche en cela me tient lieu de
ſuplice, & le ſoupçon m'en faſche autant qu'vne
condamnation. Car enfin l'hiſtoire que l'on vous
a faite, eſt fauſſe, ou au moins bien malicieuſe-
ment changée, & ces impatiences qui vous offen-
cent tant, & auec raiſon, purement controuuées.
La Fortune, & non pas mon deſſein, fit rencontrer ces deux femmes, & le dépit de celle, à qui,
de vray, i'auois cônté quelque choſe de ce que
l'autre m'auoit dit, la fit parler malgré moy là-
deſſus, ſans que ſeulement ie les vouluſſe eſcouter.
Il me faſche que celle qui vous a fait ce conte,
ſoit venuë à bout de ſon deſſein, & qu'elle vous
ait fait du mal, & à moy auſſi. Mais ie vous prie
donnez-moy du repos, & croyez-le pour touſiours,
quand ie n'ay point eſté à vous, i'ay eſté à moy,
& vous eſtes la ſeule au monde que i'aye iamais
aymée. Ie n'eſtois né que pour vous; & mon
cœur ne s'eſt iamais eſmû pour vn autre. Que ſi
lors que vous ne l'auez pas touſiours eû tout entier, i'ay pris pour moy la part que vous m'en
laiſſiez, en tout cas il n'a iamais eſté partagé qu'en-

tre nous deux. Auſſi ne veux-ie point du pardon
que vous me donnez, & ie vous prie de m'excuſer, ſi ie refuſe quelque choſe de vous; car ie croy
que vous ſerez bien-aiſe que ie n'en aye que faire.
C'eſt peu que ie vous ayme, & que ie vous ayme
plus que moy-meſme, car vous le meritez trop,
& le plus ingrat homme du monde, en feroit autant que moy. Mais ſi pour quelque choſe, vous
me deuez ſçauoir gré, c'eſt de ce que ie n'aymay,
& n'aymeray iamais rien que vous; Et que ie vous
reſpons du paſſé & de l'auenir auec autant d'aſ-
ſeurance que du preſent, & que vous iugeant
ſeule au monde digne d'amour, ie vous ay remis
entre les mains vn Eſprit libre & genereux, qui n'a
iamais daigné ſeruir que vous, & qui ne recon-
noiſtra iamais d'autre maiſtreſſe. Hé! pourquoy ne
vous en puis-ie enuoyer le portrait, auſſi bien que de
mon viſage, il vous ſembleroit bien plus beau
que l'autre, ſans doute vous le regarderiez plus volontiers: ie ſçay bien que vous y verriez beaucoup
de traits qui vous plairoient, & que vous y remarque-
riez des beautez que ie ne vous puis dire. Car quand
il n'y en auroit point d'autres, au moins vous y
verriez les voſtres mieux peintes, que nulle part
ailleurs; Et tout aupres, vous y apperceuriez la
verité de ce que ie vous dis, ſi entiere, & ſi naï-
ue, que cette veuë ne vous ſeroit gueres moins
agreable. Mais puiſque cela ne ſe peut, & qu'il
n'y a point de peintre pour cela, ie vous enuoye-

ray celuy que vous me demandez. Ie faifois difficulté d'y faire commencer fi-toft, car cette abfence
m'a tellement changé, que fi l'on me tire bien,
ie ne feray pas reconnoiffable. Il eft vray que c'eft
peut-eftre de la forte que vous m'aymerez le mieux,
& que pour vous fembler moins beau, vous ne m'en
trouuerez pas moins agreable. Ne grondez donc
plus, ie vous le donneray, mais, encore vne fois, ne
grondez donc plus : & que vos lettres foient toutes
bonnes, comme elles font toutes belles. Ce n'eft
pas affez que i'aye efcrit à M. ***. Et elle merite
bien que ie luy enuoye quelque chofe de meilleur
que cela, mandez-moy quoy, ic vous en prie, car autrement i'y ferois empefché, & poffible ie choifi-
rois mal. Mais que ie fuis content du poulet que ie
luy ay donné, puis que cela m'a fait dire, i'y ay bonne part à mon ..... auffi vous en remerciay-ie
pour ..... Helas que vous eftes aymable, & que
vous auez tort apres cela de douter, qu'vn homme dont vous auez bonne opinion puiffe iamais
rien aymer que vous. Allez, vous eftes vne méchan-
te, & ie vous ferois encore bien des reproches là-
deffus ; mais la nuit eft plus qu'à demy paffée, &
ie ne vous puis dire Adieu. Ie m'en vais l'acheuer, fans doute auec moins de repos que ie ne l'ay
commencée, fi ce n'eft que cét entretien du foir
me donne quelque bon fonge.

A MONSIEVR GOVLAS CONSEILLER
& Secretaire des commandemens de S. A. R.
Monseigneur le Duc d'Orleans.

LETTRE VII.

Monsievr,

P'implore voſtre ſecours ſi tous mes autres amis
m'ont oublié, & ie vous fais reſſouuenir, que vous
m'auez appris autrefois que cela ne vous arriueroit
iamais. Ie ſuis retourné en ce lieu pour y attendre les commandemens de Monſeigneur, & il me
ſemble que ie ſuis reculé en vn bout du monde,
d'où perſonne n'a ſoin de me tirer. Ie vous ſupplie tres-humblement, de me faire ſçauoir, ſi vous
ne l'auez deſia fait, ce que l'on ordonne que ie
faſſe. Ayez, s'il vous plaiſt, cét auantage ſur Monſieur de Chaudebonne, & faites voir que le plus
homme de bien de la Terre, & qui aime le mieux
ſes amis, n'eſt pas ſi exact à les ſeruir que Vous.
Outre qu'il vous en reuiendra quelque gloire, ie
reconnoiſtray cette obligation comme ie dois ; &
il me ſemble que ie la reconnois deſia, en quelque
ſorte, puis que ie vous eſcris ; & que ie ne luy eſcris
point. Mais puis que ſon amitié eſt ſi endormie, ie
voudrois bien la reſueiller auec vn peu de ialouſie,

C

& ie feray bien aife qu'il fçache que ie fuis auec toute forte de paffion, & autant que de perfonne du
monde,

Monfieur, ie ne croy pas que vous foyez fi
malheureux, que de ne connoiftre point Madame
la Comteffe de Barlaymont, & que vous ayez perdu tant de temps à Bruxelles. Ie vous fupplie tres-
humblement de me permettre de l'affeurer icy,
qu'en quelque lieu que ie me fois trouué, elle a toû-
jours efté dans mon efprit, comme la plus illuftre
femme que i'aye iamais veuë, & qui mérite le plus
d'eftre aimée, honorée, & feruie.

MONSIEVR,

De Madrid ce 15. de Ianuier 1633.

                                        Voftre, &c.

A MONSIEVR ✳✳✳.

LETTRE VIII.

MONSIEVR,

I'attendois auec impatience des nouuelles de ma
quaiffe, pource que i'efperois qu'elle ne viendroit
pas fans vne de vos lettres, & qu'en me faifant fçauoir de vos nouuelles, vous me donneriez moyen
de vous en dire des miennes. Ie n'euffe pas attendu iufqu'à cette heure, fi i'euffe fçeu où vous efcrire ; mais quelle affeurance peut-on auoir de rencontrer vn homme fi peu arrefté, & qui fe laiffe
emporter à tous les vents ? Il vous arriue quelquefois de faire cinq cens lieuës en ne bougeant de
chez-vous, & fans changer de maifon, vous chan-
gez de climat, & de Royaume. Cette penfée trouble fouuent mon repos, ie crains qu'il ne puiffe
pas y auoir beaucoup de conftance auec tant de
legereté, & il me fafche d'auoir toufiours le meilleur de mon bien fur la mer. Ie n'en ay point, ie
vous affeure, que i'eftime tant que la part que vous
m'auez donnée en vous; mais comme c'eft vn bien
que la fortune m'a procuré, i'apprehende qu'elle ne
me l'ofte. Ie n'entends plus de grands vents qui ne
me faffent peur, & que ie ne craigne qu'ils vous
C ij

foient contraires : Les Pirates d'Alger me font
pâlir au milieu de Bruxelles, & ie me trouuois
beaucoup plus affeuré lors que i'eftois au milieu de
l'Ocean, & que ie voyois voftre vaiffeau tous les
iours. Ie voudrois bien que vous me tiraffiez de
toutes ces peines, en me mandant que vous m'aymez toufiours, que vous vous portez bien, que vous
eftes à Londres, & que pour le refte de cét hyuer
vous ne verrez point de hazards que ceux que vous
courez auprés de Mademoifelle Helene. Ie vous
fupplie, au refte, qu'elle n'achéue pas fi fort de vous
gagner le cœur, qu'il ne m'y refte toufiours quelque
place à fes pieds ; vous ne me deuez pas refufer cette
grace, car ie fuis, ie vous iure, de tout mon cœur,

MONSIEVR,

A Bruxelles ce 28. Feurier.

Voftre, &c.

A MONSIEVR LE MARQVIS
Du Fargis.

LETTRE IX.

MONSIEVR,

I'ay vne extréme satisfaction de mon iugement, d'auoir tousiours creu que vous ne m'auiez pas oublié, quelque apparence que ie visse du contraire; & de ce que ma mauuaise fortune, ne m'a pû obliger à auoir seulement vn soupçon de vous : I'ay tousiours rejetté sur elle les manquémens que l'on pouuoit croire venir d'ailleurs, & en vn temps où elle sembloit me vouloir priuer de toutes les choses qui m'estoient les plus cheres , ie pouuois bien croire qu'elle m'empescheroit de receuoir de vos lettres. De sorte, Monsieur, que ie n'ay point vsé de cette rigoureuse iustice, auec laquelle vous dites que ie vous pouuois condamner; & ie serois bien fasché d'auoir si légérement fait le procés à vne personne, qui a par tout tant de tesmoins de sa générosité, & de sa Vertu; & contre qui il n'y a dans le monde que le Cardinal de Richelieu qui puisse auoir cette volonté. Ie vous auouë, pourtant, que quelque foy que i'eusse en vous, i'ay esté extréme-

ment aise de voir des preuues de ce que ie croyois;
& quoy que l'honneur que vous m'auez fait de
m'escrire, & le tesmoignage que vous me donnez
de vostre amitié, ne m'ayt pas rendu plus asseuré, il
m'a rendu plus content. Si cette ioye pouuoit estre
augmentée par quelque chose, c'est par les asseuran-
ces qu'il vous plaist me donner des bonnes graces de Monsieur de Pilorens. Ie sçay, Monsieur,
que vous auez assez de part dans son esprit, pour
pouuoir respondre de ses inclinations, & vous
sçauez auec quelle passion ie desire de pouuoir mé-
riter la sienne.   Aussi quand ie lis dans vostre lettre ce que vous me mandez, que vous auez donné ordre pour ma subsistence, pour vn temps, de
deça, & que ie ne vois point d'ailleurs de quelle
sorte vous y auez pourueu, ni par quel moyen
l'interprete cela, que vous auez iugé que l'asseu-
rance d'estre aymé de deux si excellentes personnes, suffisoit pour me rendre heureux, & que cét
honneur pouuoit suspendre tous mes maux pour
vn temps. L'on attend icy auec impatience Messieurs de Lingendes, & veu les grandes tempestes
qu'il a fait, & le long-temps qu'ils mettent à arriuer, i'en serois en peine : n'estoit que l'on m'a
dit qu'ils auoient esté pris par les Hollandois, &
que cela leur a fait perdre vn mois de temps. Le
Comte-Duc m'a tesmoigné qu'il importeroit extrémement qu'ils fussent icy, & qu'il regrettoit
fort que l'on perdist tant de temps pour ne pas

sçauoir ce que son Altesse desire. Selon que ie puis iuger, il a autant d'enuie que iamais de seruir & de faire assister son Altesse, & monstre en cela beaucoup de passion. Ie crois, Monsieur, que vous donnerez aduis de cecy à Monsieur de Pilorens, à qui ie n'en escris rien, pource que la lettre que ie luy enuoye estoit desia fermée, n'ayant veu le Comte-Duc qu'hier au soir. Ie n'oserois ni ne puis sortir de ce lieu deuant l'arriuée de Messieurs de Lingendes ; mais dés qu'ils seront icy, & que l'ordre que vous dites que l'on a donné en ma faueur, aura produit quelque effet, rien ne m'y sçauroit retenir, en vsant du choix que vous me faites l'honneur de me mander que l'on me laisse. Ie partiray d'icy en diligence, & iray, Monsieur, vous rendre moy-mesme les graces tres-humbles que ie vous dois, pour tant d'obligations que ie vous ay. Ie sçay, qu'au moins pour les prémiers iours, ma conuersation ne vous sera pas ennuyeuse, & que vous aurez du plaisir à m'entendre dire combien vous estes icy estimé & aymé de tout le monde ; & quelques particularitez que ie réserue à ce temps-là. Ie souhaite qu'il arriue bien-tost, & que ie vous puisse asseurer, mieux que ie ne puis faire icy, auec combien de passion ie suis,

MONSIEVR,

De Madrid ce 13. Mars 1635.   Vostre, &c.

A MONSIEVR DE PILORANS.

LETTRE X.

MONSIEVR,

Cét homme que vous penſiez auoir déliuré d'Eſpagne, n'a pu encore ſortir de Madrid, & la fortune ne m'a pas eſté en cela ſi fauorable que vous.
Quelque contraire que ie l'aye, ie ſouffre patiemment le mal qu'elle me fait, quand ie ſonge au
bien que vous me voulez, & i'eſtime beaucoup
plus d'eſtre de vos amis que des ſiens, ſçachant
que vous les ſçauez mieux choiſir & mieux conſer-
uer. Il ſemble qu'elle ait arreſté les vents pour moy
ſeul, & que la mer ſoit nauigable pour toutes ſortes
de perſonnes, ſi ce n'eſt pour Meſſieurs de Lingendes ; l'impatience auec laquelle ie les attends me
donne tant d'inquiétude , que ie vous aſſeure ,
Monſieur, que mes maladies ne m'ont pas tour-
menté dauantage. En cette occaſion, ſouuent ie
me reſſouuiens de vous, & ne puis m'empeſcher
de ſouhaiter cette tranquillité d'eſprit que i'ay ad-
mirée autrefois ; lors que ſur le penchant d'vne des
plus importantes affaires du monde, ie vous ay veu
auec le meſme viſage que touſiours, & moins empeſché que pas-vn, en vne choſe où vous auiez plus

de

de foin & d'intereſt que tous les autres : En cela, Monſieur, i'auouë que ie vois vne difference infinie entre voſtre ame & la mienne ; mais cette meſme conſideration qui mè fait connoiſtre ma foibleſſe, ſemble auſſi en meſme temps l'excuſer, puis qu'il eſt vray que le deſir d'eſtre auprés de vous, & d'y remarquer de ſemblables actions, fait vne grande partie de l'impatience que i'ay de me voir hors de ce lieu. Quand i'en ſeray ſorty par voſtre moyen, ie mettray cette obligation entre les plus conſiderables que i'aye d'eſtre touſiours,

MONSIEVR,

Voſtre, &c.

De Madrid ce 6. Auril.

D

A MONSIEVR ***.

LETTRE XI.

MONSIEVR,

Le malheur qui a retardé mes lettres, & qui vous a empefché de les receuoir deuant que vous me fifiez l'honneur de m'efcrire pour la feconde fois, a efté au moins heureux en cela, qu'il vous a donné occafion de faire vne fi grande bonté, & à moy de receuoir tant de tefmoignage de la voftre. Vos interefts me touchent de telle forte plus que les miens, que ie vous affeure, Monfieur, qu'en cela ie n'ay pas eu tant de ioye de connoiftre que vous m'aymiez beaucoup, que de voir que vous fçauez parfaitement aymer ceux qui font à vous, & que voftre generofité merite toutes les loüanges qu'on luy donne. Vous ne la fçauriez mieux faire paroiftre qu'en ayant foin d'vne perfonne qui vous eft fi inutile, & en laquelle ie ne vois rien qui vous puiffe obliger à cela, que l'extréme inclination que i'ay à voftre tres-humble feruice. Si d'auenture, Monfieur, vous y voyez quelque autre chofe, ie tafcheray de ne pas démentir voftre iugement, & d'eftre tel que l'on ne vous accufe pas de faire de mauuais choix, & d'employer mal vne chofe fi

précieuſe que voſtre affection. C'eſt deſia, ce me
ſemble, quelque diſpoſition à cela, que de vous honorer auſſi particulierement que ie fais ; & il n'y a
qu'vne ame bien faite, qui peuſt auoir vne ſi iuſte &
ſi grande paſſion qu'eſt celle que i'ay d'eſtre,

MONSIEVR,

De Madrid ce 17. d'Auril.

Voſtre, &c.

A MONSIEVR DE CHAVDE-BONNE.

LETTRE XII.

Monsievr,

I'ay creu auoir trouué vn threfor, quand dans vn mefme pacquet i'ay receu trois de vos lettres : Ce bon-heur me fait croire que ma Fortune eft changée, & que ie vays entrer dans vne faifon plus-heureufe. L'arriuée de Meffieurs de Lingendes me confirme encore cette opinion, & me fait efpérer de fortir bien-toft de ce lieu ; au moins mon deuoir ne m'y arrefte plus, & vne des chaifnes qui m'attachoient icy eft rompuë ; il ne refte plus que celle de la néceffité, laquelle fi elle n'eft la plus forte, eft fans doute la plus pefante ; & ie croy que i'auray peine à m'en défaire. Ce que ie vous puis dire, Monfieur, c'eft que iamais efclaue n'eft forty d'Argel, & n'a fuy de fon Maiftre auec tant de ioye, que i'iray trouuer le mien. Ie vous fup-plie tres-humblement d'y prendre part, & que la prefence de Monfieur de Vaugelas, ne vous em-pefche pas de trouuer la mienne à redire : On m'a appris qu'il eft logé auec vous, ie vois bien quel ha-zard ie cours en cela, & combien il eft difficile que

ie garde la place que i'auois dans voſtre amitié,
& qu'il ait celle qu'il y merite. Ie ne ſçay pas
ce que vous en ferez ; mais il eſt difficile que
vous ſoyez en cela iuſte & conſtant tout-enſem-
ble. Ie vous conſeille pourtant, Monſieur, d'a-
uoir plus d'égard à vous & à luy, qu'à moy, i'ayme mieux quitter quelque choſe de mon droit :
Et ſi vous me demandez mon auis, la Iuſtice eſt
la derniere vertu que l'on doit violer. Ie crains
que cecy ne paroiſſe pas tant modération que
prudence, & que l'on attribuë à fineſſe en moy,
de feindre de demeurer d'accord d vne choſe que
ie ne puis empeſcher. Quand il ſeroit ainſi, encore cela auroit-il ſon prix, & ce n'eſt pas peu de
ſageſſe de pouuoir diſſimuler en vn intereſt ſi
ſenſible. Voyez, Monſieur, en qu'elle bonne
humeur m'ont mis vos lettres : I'ay oublié tous les
ſoins qui m'agitoient, & il me ſemble qu'il ne
me reſte plus rien à craindre, ſi ce n'eſt que
vous aymiez Monſieur de Vaugelas plus que
moy. Cependant, il me faut trouuer moyen de
ſortir de ce lieu, & réſoudre ſi ie m'en dois retourner par la France ou par la Mer, & quel péril i'ayme mieux courre d'eſtre noyé, ou d'e-
ſtre pendu ; mais pourueu que vous m'aymiez
touſiours, ie ne me donneray point de peine du
reſte, & ie dois, ce me ſemble, eſtre aſſeuré contre la fortune, moy qui ay l'honneur de vous

auoir connu ſi particulierement, & qui ſuis depuis
ſi long-temps,

Monſieur, i'auois à mettre icy mille tres-humbles baiſe-mains pour beaucoup de perſonnes,
mais cela voudroit plus de temps que ie n'en ay,
ie crois qu'il vaut mieux les faire tous à Madame la
Comteſſe de Barlaymont.

MONSIEVR,

De Madrid ce 17. d'Auril 1633.

Voſtre, &c.

A MONSIEVR *✱*.
LETTRE XIII.

MONSIEVR,

Enfin ie penfe que l'enchantement eft rompu;
au moins il me femble qu'il n'y a plus rien qui me
puiſſe arrefter ; mais ie n'oſerois me vanter de
fortir de ce lieu iuſques à ce que i'en fois bien
loin. Eſtant à la veille de mon partement, ie vous
efcris auec le peu de loifir que vous pouuez imaginer que doit auoir vn homme auſſi négligent
que moy, & qui a accouſtumé de remettre toutes
choſes iuſques au dernier iour. Outre quelques
affaires qui me reſtent, il me faut aller dire adieu à
Doña Antonia, Doña Ynez, à Iſabelica, à la Guz-
mana, à la Catalana, y a las dos. Toledanas; Il faut
que i'enuoye vn recade à Doña Eluira ; que i'ef-
criue vn billet à Doña Vrraca, & que ie donne des
chapins y vn manto à Doña Alonza, & vn Cha-
pelet à ſa mere Doña Pedraza. Sans mentir, Monſieur, i'ay veſcu icy comme vn Saint ; mais ie n'ay
pu moins que de faire toutes ces amitiez. Ie vous
aſſeure pourtant qu'elles ne m'ont point deſbau-
ché, & ſi vous me paſſez en toutes les autres vertus, ie me puis vanter d'auoir exercé en ce païs

vne tempérance que vous auriez mal-gardée : Le
Diable n'eſt iamais ſi à craindre que ſous les for-
mes où il apparoiſt icy, & il y a de certains yeux
noirs dans leſquels quand ils ſe met, il fait tout ce
qu'il veut, & il n'y a point d'exorciſme qui l'en
puiſſe chaſſer.   Ie m'en vay trouuer à Seuille des
Démons encore plus dangereux, & qui ſont de ceux
que l'on appelle Ignées. Pource qu'il n'y a guéres
d'embarquemens à Saint Sebaſtien, & que l'on n'y
trouue que de fort petits Vaiſſeaux, ie me ſuis ré-
ſolu de prendre cettë route ; beaucoup me le dé-
conſeillent pour les grandes chaleurs qu'il y a en
cette ſaiſon en Andalouzie ; mais il me ſemble qu'il
eſt difficile que ie meure de chaud, & c'eſt vne ſorte
de mort que ie ne puis apprehender. Si d'auenturë le
Soleil, la Mer ou les Pyrates (i'ay tout cela à craindre)
accourciſſent mon voyage & ma vie : Ie vous prie
tres-humblement, Monſieur, d'auoir ſoin de mon
pere, en luy faiſant obtenir ma ſuruiuance, & de
ne me plaindre qu'autant que vous iugerez raiſonnable, c'eſt à dire fort peu ; Mais au cas que i'é-
chape, comme ie l'eſpere, car il me ſemble qu'il me
reſte plus de temps à viure, & que ie ne dois pas ſi
toſt guérir de la colique ; Ie vous ſupplie de me faire la grace de penſer à ma fortune, & s'il arriue
quelque changement durant mon abſence, de voir
s'il y aura lieu de faire quelque choſe en ma faueur.
Ie croy, Monſieur, outre l'extréme bonté que Monſeigneur a pour tous ſes ſeruiteurs, que vous y trouuerez

uerez encore quelque chofe de particulier pour
moy ; & qu'encore que i'aye efté efloigné depuis
vn an de fa perfonne, ie n'auray rien perdu de la
bonne volonté dont il a pleû de tout temps à
fon Alteffe de m'honnorer. Pour ce qui eft de
Monfieur de Pilorens, ie vous refpons de fon affection, & ie fuis affeuré qu'il fera bien-aife d'a-
uoir moyen de faire du bien à vne perfonne, en
qui il croit qu'il y en a vn peu, & au moins de la
fidelité de laquelle il ne fçauroit douter. Il n'y a
pas trois iours que ie parlay long-temps de luy,
& en telle occurrence, & à telle perfonne, que ie
croy que ie puis dire que ce fut auec quelque
vtilité. Cette eftoile que vous fçauez qui me
fait quelquefois aymer plus que ie ne mérite, a
fait fon effet en celuy qui peut tout icy ; & ie me
puis vanter à vous, à qui ie puis dire toutes chofes, qu'il m'a tefmoigné vne affection tres-par-
ticuliere. Ie croy, Monfieur, que s'il eftoit befoin, Monfieur le Marquis du Fargis parleroit
auffi tres-volontiers pour moy ; mais ie vous ay affez d'autres obligations à l'vn & à l'autre, & ie defi-
re auoir celle-là à Monfieur de Pilorens tout feul.
Si vous voulez, Monfieur, m'obliger autant en autre chofe, faites-moy, s'il vous plaift, la faueur de
faire fouuenir vos amis de moy ; fouuenez-vous-en
fouuent vous-mefme, & croyez que ie fuis de tout
mon cœur,

Le 9. de Iuillet 1633.   Voftre, &c.

E

A MONSEIGNEVR LE COMTE-
Duc d'Oliuares.

LETTRE XIV.

MONSEIGNEVR,

Ie ne puis différer plus long-temps à me feruir
de la permiſſion que vous m'auez donnée, & à vous
dire, qu'apres auoir veû la plus belle partie de l'Eſpagne, ie demeure touſiours dans l'opinion que
i'auois qu'elle n'a rien de ſi rare que V. E. Dans tous
les lieux où i'ay paſſé ie n'ay rien remarqué auec
tant de plaiſir, que le reſpect que tout le monde
porte à voſtre nom, & aux recommandations qui
viennent de voſtre part ; celles dont il a pleû à V. E.
de m'honorer, ont fait par tout l effet que i'en pouuois eſperer ; mais nulle part comme dans l'Alca-
çar de Seuille, où i'ay trouué tout le bon accueil, &
toute la courtoiſie qui ſe doit attendre d'vn lieu où
vous commandez. C'eſt à mon auis la piece de toute
l'Eſpagne qui mérite autant d'eſtre veuë, & ſi l'Eſcu-
rial a quelque choſe de plus grand, & de plus
magnifique, ce Palais a des dons particuliers, &
des graces naturelles qui le rendent remarquable
entre tous les autres. Ie vous aſſeure pourtant,
Monſeigneur, que ſes dorures, ſes iardins, & ſes

fontaines ne font pas les chofes qui m'y ont femblé les plus agréables, & i'y eftimay plus que tout
cela, la rencontre que i'y ay faite d'vn Gentilhom-
me, qui parle de V. E. quafi auec autant d'affection que moy, & qui m'a apris beaucoup de
particularitez de cette vie, qui me femble la plus
admirable du monde. Ie prie Dieu, Monfeigneur,
qu'elle foit auffi longue que belle, & qu'il me
conferue la mienne, jufqu'à ce que i'aye pû té-
moigner à V. E. combien veritablement i'honore
les finguliers vertus qui font en elle, & auec quelle
paffion ie fuis,

MONSEIGNEVR,

A Seuille ce 16. Aouft 1633.

Voftre, &c.

E ij

A MONSIEVR DE CHAVDE-BONNE,
Cheualier de Madame la Ducheſſe
d'Orleans.

LETTRE XV.

MONSIEVR,

Si ie meurs, voſtre Philoſophie vous conſolera
aſſez ; mais ie croy que ce ſera auec quelque peine,
& qu'il y a long-temps que la Fortune ne vous
à rien fait perdre qui vous fuſt ſi cher. Ie penſe
qu'il ſeroit bien mal à propos que ie vous don-
naſſe icy des aſſeurances de mon affection, vous
connoiſſez mon cœur comme celuy qui l'auez
fait en partie, & vous ſçauez les obligations que
ie vous ay. Cela eſtant, il eſt impoſſible que vous
ne voyez bien que vous l'auez tout-entier. Ie reconnois, Monſieur, que c'eſt à vous à qui ie dois
le meilleur de ma vie, & à qui i'eſpere deuoir la
réſolution que i'auray à la mort : ſi i'en viens iuſques-là comme il eſt aſſez douteux, ie vous ſuplie
tres-humblement de conſoler mon pere autant
que vous pourrez, & de dire adieu pour moy à
toutes mes amies, que ie quitteray auec quelque
ſorte de regret. Ie vous ſuplie auſſi tres-humblement de vouloir reconnoiſtre pour moy les obli-

gations que i'ay à Monſieur de Pilorens. Pour ce
qui eſt de l'amitié que vous auez pour moy, ie vous
prie de la continuër touſiours, car c'eſt vne choſe
que ie ne me puis réſoudre de perdre, meſme en
quittant le monde. Adieu Monſieur, ie ſuis comme vous ſçauez,

MONSIEVR,

A Madrid le 11. de Septembre 1632.

Voſtre, &c.

E iij

AV MESME.

LETTRE XVI,

Monsievr,

Ie crois que vous me plaindrez d'eſtre arreſté ſi long-temps en vn ſi miſerable lieu, & de voir que ie ſois plus de iours pour aller de Douure à Dunquerque que ie n'en ay employé pour paſſer de Liſbonne icy. Dans l'ennuy que i'y ay eû ce m'a eſté vne extréme conſolation d'y auoir la compagnie de Monſieur le Cheualier de Balántin; il a creû que paſſant par Bruxelles il pourroit auoir beſoin d'amis pour auoir vn paſſeport, ou pour quelques autres affaires, & i'ay penſé, Monſieur, que ie vous ferois ſeruice à tous deux en vous le recommandant. Il eſt homme de condition, & lequel, outre cela, a toutes les autres qualitez qui font vn honneſte-homme; cela ſuffit pour vous le rendre recommandable, mais ie crois de voſtre bonté & de l'honneur que vous me faites de m'aymer, que vous ferez encore quelque conſideration de ce que ie vous ſuplie tres-humblement de l'affifter de voftre crédit. Ie mettray cette obligation, entre les plus grandes que i'aye d'eftre,

MONSIEVR,

A Douures le 17. de Decembre.

Voftre, &c.

A MONSIEVR DE LA IONQVIERE.

LETTRE XVII.

Monsievr,

Il n'y a pas deux autres hommes au monde, qui s'ayment fi conftamment, ni fi commodément, que vous & moy. Car encore que nous foyons féparez de cent cinquante lieuës; ie vous honnore, & vous ayme autant, que lors qu'il n'y auoit qu'vne maifon entre nous; Et quoy que vous ne me difiez, au plus, qu'vne fois en vn an que vous m'aymez, i'en fuis auffi affeuré, que lors que vous me le tefmoigniez tous les iours. Ie crois, Monfieur, que vous auez pour moy la mefme affection, & la mefme conftance, & qu'ayant connu mon cœur & mon efprit, en vn temps où ils n'eftoient pas capables de fe déguifer, vous en auez affez bonne opinion, pour croire que ie vous conferue toufiours la part que vous deuez auoir en l'vn & en l'autre. A la verité, vous m'y auez tellement obligé, & de plus, mon inclination m'y porte de telle forte, que ie vous iure que ie n'auray iamais de maiftre ni de maiftreffe, à qui ie ne manquaffe auffi-toft qu'à vous, & que de tous mes deuoirs, il n'y en a pas-vn, auquel ie fa-
tisfaffe

tisface auec plus de plaifir, qu'à celuy de vous
chérir, & de vous honnorer. Continuëz-moy
donc, s'il vous plaift, toufiours l'honneur de voftre
amitié, & croyez qu'elle n'eft pas tout à fait mal
employée, puifque ie fuis, & feray toute ma vie,

MONSIEVR,

A Paris le 8. Ianuier 1638.

Voftre, &c.

F

A MONSEIGNEVR ***.
LETTRE XVIII.

Cette Lettre n'est pas entiere, y ayant quelque chose qui manque au commencement, & à la fin.

EST-il permis de passer ainsi légéremét par dessus les accidens les plus remarquables de voftre vie, & ne leur donner pas plus de place en voftre hiftoire que celle d'vne ligne? Ceux-là font pardonnables qui voulant defcrire en vn petit efpace toute la rondeur de la Terre, nous défignent vne grande & groffe Ville par vn point, & vne large & longue riuiere par vn fimple trait de plume. Mais vous à qui la Fortune, outre le loifir de faire les actions que vous faites, laiffe encore celuy de nous les conter, vous n'en deuez pas vfer ainfi. Vous nous deuez faire voir les chofes en leur iufte eftenduë, ou pluftoft, comme vous nous les monftrez de loin, les groffir & amplifier ; ainfi qu'aux piéces que l'on veut placer bien au deffus de noftre veuë, les Statuaires adiouftent toufiours quelque chofe au delà de leur naturelle grandeur. Ie fçay bien que vous n'eftes pas grand enlumineur de vos actions ; que difficilement pourriez-vous rien nous déguifer à voftre auantage, & que vous au-

riez de la peine à les releuer au delà de leur vray
prix. Mais au moins ne les diminuëz pas, si vous
n'y voulez rien adiouster. La Vérité, qui veut estre
entiere, & qui ne se peut peindre à demy, s'offence
également des deux extrémitez. Toutefois, comme ceux qui luy prestent quelque chose semblent
la mieux aymer que ceux qui luy ostent; pour nous
la représenter telle qu'elle doit estre, parez-là vn
peu dauantage. Vous faites honte à vne si chaste
& si séuére Déesse de nous la montrer toute nuë,
il n'y a que Vénus dans le Ciel qui ose paroistre
ainsi. Vous deuez, sans doute, estimer & dorer dauantage le plus bel accident de vostre vie. Cesar en
treize ou quatorze ans qu'il surmonta le Monde,
ou, pour le dire plus glorieusement, qu'il assujétit
Rome à ses loix, ne se vid pas en vn hazard pareil, & nous ne voyons point que le péril l'ait
iamais abordé de si prés. Toute la Terre saigna
pour sa querelle, l'Europe, l'Asie & l'Afrique en
rougirent à diuerses fois, & comme si trois gout-
tes de son sang eussent esté encore vn trop riche
prix pour l'Empire de l'Vniuers, luy seul, entre
tous les siens, n'en répandit point du tout. Mais
voyez en cecy la trahison de la Fortune, elle le
garda entier, & le sauua de la moindre égrati-
gnure, au milieu de tant de batailles, & de tant
de millions d'Ennemis armez à sa ruine ; pour
aprés, estant Empereur du Monde, parmy ses
Amis desarmez, & au Sénat, le percer de trente-

deux coups. Cette derniere action me fait croire,
quelque bon visage qu'elle luy fist, qu'elle ne luy
voulut iamais de bien, & que forcée elle fit alliance
auec sa vertu, pour sembler y auoir contribué
quelque chose, prendre part auec elle, à la glóire
de tant d'illustres actions * * *.

BILLET A MADEMOISELLE
De Marolles.

LETTRE XIX.

LA Fée qui nous broüilla hier au soir, est vne des plus malicieuses qui fut iamais, & les malédictions de toutes les autres ne m'auroient pû caufer tant de mal, qu'elle m'en a fait. Ie ne m'offençay point de ce que vous me reprochastes que ie ne suis point d'humeur accommodante. Car c'est vne qualité dont on vous accuse plus que moy, & qui ne peut estre vn defaut, puisque elle se trouue en vne personne toute parfaite : mais ie vous trouuay trop cruelle, quand vous-vous empeschastes de tourner les yeux sur moy, & que du plus beau visage du monde vous en fistes vn mauuais. Il me sembla alors que tout le Ciel me regardoit de mauuais aspect, & qu'il se faisoit deux éclipses de Soleil tout à la fois. Cela me couurit le cœur de ténebres & de frayeurs qui ne m'ont point laissé reposer : Et quelque orageuse qu'ayt esté la nuit passée, elle n'a point égalé celle que vous m'auez iettée dans l'esprit. Elle dure encore, ie vous asseure, & quoy qu'il fasse iour pour les autres, il n'y en aura point pour moy, que vous

ne me l'ayez donné. De l'humilité auec laquelle
ie vous parle, vous deuez iuger que ie ne fuis pas
fi glorieux que vous dites, & que fi ie ne fuis point
accommodant, ie fuis au moins racommodable. Si
vous l'eftes autant que moy, vous receurez mes fa-
tisfactions, & mes préfens. I'auois toufiours gardé ce ruban grifdelin pour me fauuer dans vne
néceffité comme celle où ie me trouue. Souffrez
qu'il faffe l'effet que i'en ay efpéré, & qu'il me tire
du labyrinte où ie fuis. Ie ne fçaurois nier que
ie n'aye fait vne faute puifque ie vous ay fafchée,
mais, au moins, i'ay fçeu trouuer quelque couleur
pour la couurir, & vous ne fçauriez dire qu'elle
ne foit pas belle, puifque c'eft celle que vous aymez. Vous en verrez tantoft vne autre fur mon
vifage qui vous deura encore plus toucher, & qui
vous dira le refte de ce que ie n'ofe vous efcrire icy.

A MONSIEVR ***.

LETTRE XX.

MONSIEVR,

l'ayme mieux vous efcrire plus fouuent, & vous payer à plufieurs fois, cela fera plus commode pour vous & pour moy, que fi à vn coup ie vous baillois vne grande fomme qui feroit ennuyeufe à compter, & où il pourroit paffer beaucoup de fauffes piéces. Fauffes piéces font celles où il y entre du fuif. C'eft vne queftion célébre en Droit. *Vtrum creditor cogi poffit accipere debiti partem*, & tiennent que non. *Quia* (ce difent les Clercs) *particularis folutio multa habet incommoda*. Mais vous ne me traitterez pas tant à la rigueur ; auffi feriez vous au hazard de perdre la debte entiere, fi vous ne vouliez rien receuoir de moy, que quand ie me pourray aquiter en vn coup de tout ce que ie vous dois ; car ie ne fuis pas foluable pour cela, & quoy que ie faffe, ie vous deuray toufiours de refte. Mais tout ce que ie vous conte icy n'eft pas de l'argent comptant. Vous voulez que ie vous dife des mes nouuelles. Hé ! bien ; ie perdis à trois déz, il y a trois mois, quinze cens efcus. Ie dis bien payez. Voila vne dangereufe moufquetade, elle

m'emporta vne grande partie de mes chauffes, &
n'en faudroit guéres de femblables pour m'emporter ma chemife. Cela va mal ; vous en ferez
fafché ; mais il y a trois mois que ie ne iouë plus,
& i'ay fait grande (mais ie dis célébre) réfolution
de ne plus iouër. Si ie la garde, n'ay-je pas beaucoup gagné ? Ie n'oferois pas trop m'en affeurer.
Car ie ferois deuenu bien peu Philofophe, fi ie
m'ofois répondre affeurément de moy-mefme,
tant-y-a que fi i'en doute, c'eft de la mefme forte
que ie pourrois douter fi ie ne m'iray pas ietter
à ce renouueau dans Breda. Il n'y a pas grande apparence. Mais fi vous voulez que i'en fois encore
plus affeuré, faites que ie vous le promette, & de-
mandez-le-moy par l'amitié que ie vous dois. Ie
me réferuay deux cens efcus comme vne table de
naufrage, fur laquelle i'ay vogué affez plaifam-
ment d'vn cofté & d'autre, toufiours rifflant comme vous fçauez. Enfin, ie pris terre à Orleans, où
ie me fuis r'affraichy deux mois durant. Ie vous
dirois ce qui m'y a tenu fi long-temps ; mais il faudroit que nous euffions vn chiffre entre nous deux.
Cela feroit plaifant, qu'vn paquet tobaft de la forte
entre les mains des ennemis, & qu'aprés auoir bien
exercé tous les déchifreurs de l'armée, au lieu d'y
trouuer quelque entreprife fur Anuers, ou quelque
grand deiffein fur l'armée du Marquis, on n'y trou-
uaft que des *** de celle-cy, ou de celle-là. Mais
vous, mandez-moy fi vous-vous en paffez, & fi
                                        voftre

voftre premiere réfolution dure encore. Selon que l'on m'a parlé de ce pays-là ie voudrois que vous ✶ ✶ ✶ ✶ ✶ ✶. Mais ie m'imagine qu'il eſt bien difficile de ✶ ✶ ✶ fous des huttes, & principalement quand on les a faites. C'eſt vne eſtrange vie que celle de delà. Monfieur de la Ionquiere m'en a fort dégouſté. Mais mandez-moy plus particulierement tout ce que vous faites. Vous ne nous efcriuez que des menaces, & ſi vous ne me faites réponce (ce dites vous) celle-cy fera la derniere que ie vous efcriray, *buena es la flema por dios*. On voit bien que vous parlez en homme, qui a vingt-cinq mille hômes de pied & quatre mille cheuaux. Mais deffenfes à vous pourtant de plus vfer de tels termes. On vous a oſté voſtre mufeliere en ce pays-là, mais nous irons vous la remettre. Vous ne voyez pas que la plufpart du temps, nous n'auons rien à vous conter. Et vous auez tort de me dire que i'ay plus de chofes à efcrire que vous, eſtant en lieu, où il y a plus de nouuelles. Car les farces de la Cour & les gazettes ✶ ✶ ✶.

G

A MONSIEVR ***.

LETTRE XXI.

MONSIEVR,

Le soin que vous auez eû de l'affaire dont ie vous auois parlé, n'a pas esté employé si peu vtilement que vous dites, car cela m'a esté vn témoignage que vous me faisiez l'honneur de m'aymer; & ie tiens cette fortune-là beaucoup au dessus de l'autre que ie prétendois. Ie vous le dis sans mentir, ie me laisse bien plus toucher à la gloire qu'à l'ambition, & ainsi il n'y a point de place au monde, tant proche fust-elle des Roys, que ie ne prisasse moins que celle que vous me donnez en vos bonnes graces. Il me déplaist seulement que tant de faueur, que vous me faites, demeure sans reconnoissance, & qu'il ne me reste plus rien que vous puissiez de nouueau aquerir en moy. Mais souffrez, s'il vous plaist, que ie ne donne aucune part de mon affection, à l'obligation que ie vous ay, puisque ie l'ay desia donnée toute entiere à vostre mérite, & que dés le premier iour que i'eus le bon-heur de vous bien connoistre, sans sçauoir si vous m'aymeriez ou non, ie fus parfaitement, &c.

A MONSIEVR ***.

LETTRE XXII.

MONSIEVR,

Ie craignois que mes lettres, si elles venoient
seules, ne fussent pas trop bien reçeuës de vous,
& sans cela ie vous aurois remercié il y a long-temps
de la faueur qu'il vous a pleû me faire. Mais i'ay
pensé qu'elles n'arriueroient pas trop tard, pourueu qu'elles vinssent auec celles de Mademoiselle
du Plessis, & que vous leur feriez tousiours fort
bon accueil les trouuant en si bonne compagnie.
Ie portay à cette belle Dame là lettre que vous
luy escriuiez, aussi-tost que ie l'eûs reçeuë, & ie
vous puis dire, sans vous flatter, qu'elle fut leuë
d'elle en ma présence plus d'vne fois, & qu'elle
en demeura parfaitement contente & satisfaite.
Ne croyez pas, neantmoins, pour ce que ie vous
en dis, estre mieux dans ses bonnes graces, & ne
prenez pas cela pour vn témoignage de beaucoup
d'affection : Car ce que vous luy auez escrit estoit
de sorte qu'il eust causé le mesme effet en vne
personne indifférente, & ie ne crois pas qu'il y
ait femme au monde, qui ne l'eût reçeuë auec
beaucoup de contentement, si ce n'est peut-estre

G ij

qu'il y en ait quelqu'vne qui n'ait point de vani-
té. Auffi fi vous eftimez à quelque fortune la grace
que l'on vous fait de vous en remercier, ie ne
prétens pas que vous m'en fçachiez aucun gré, ni
que vous croyez que mes prieres & mes follici-
tations y ayent contribué quelque chofe. Car ie
ne crois pas qu'il fe puft faire qu'vne fi bonne
lettre demeuraft fans réponfe, ni que celle qui l'a
reçeuë puft rien oublier, de tout ce qui vous peut
obliger à luy en faire voir vne feconde. Dans
celle qu'elle vous enuoye vous verrez des preues
de ce que ie vous dis (mais vous les aurez defia
veuës en lifant cecy, car fans doute elle aura efté
ouuerte la premiere) & c'eft-là, que vous iugerez
fi ie fuis menteur, & fi vous ne l'eftes pas lors que
vous-vous dites mal-heureux. Au moins, ayant
des affeurances du contraire de fi bonne main,
vous ne deuez plus, ce me femble, vous appeller
ainfi, ni vous plaindre d'auantage d'vne abfence,
fans laquelle vous ne pouuiez pas reçeuoir cette
faueur. Pour moy, quand toutes ces confidéra-
tions-là n'y feroient point, ie ne pourrois pas eftre
trifte de voftre mal, tant que ie vous entendrois
plaindre de fi bonne grace, ni eftre touché de
pitié pour vous voir en vne condition que i'efti-
merois pluftoft digne d'enuie. Car fans mentir, ie
ne puis pas comprendre que l'on puiffe fe plaindre de la folitude, eftant auprés de Madame la
Comteffe de Moret, ni croire qu'vn honnefte

homme puiſſe eſtre mal-heureux auec elle. Et en vérité, depuis qu'elle eſt partie d'icy, & qu'elle vous en a emmené, ie trouue dans Paris ce deſert que vous trouuez dans vos foreſts. Et ie ne pourrois pas voir le Cloiſtre ſans triſteſſe, quand meſme la plus belle Dame qui y ſoit ſe diſpoſeroit à m'y donner tout contentement. Mais pourtant, parmy cét ennuy, ie ne m'eſtime pas encore tout à fait mal-heureux, puiſque vous me faites l'honneur de vous ſouuenir quelque fois de moy, & de croire que ie ſuis de tout mon cœur, & plus que perſonne du monde,

MONSIEVR,

Voſtre, &c.

✿✿✿✿✿✿✿✿✿✿✿✿✿✿✿✿✿✿✿✿✿✿

A MONSIEVR ***.

LETTRE XXIII.

Monsievr,

Ie n'ay point d'autre excuſe à vous donner du long-temps que i'ay eſté à vous eſcrire, & à m'a-quitter de ce que ie vous dois, que ma pareſſe. Outre la mienne naturelle, iay encore contracté celle du pays où ie ſuis, qui paſſe ſans doute en fainéantiſe toutes les Nations du Monde. La pa-reſſe des Eſpagnols eſt ſi grande, qu'on ne les a iamais pû contraindre à balayer deuant leurs por-tes, & il en couſte quatre-vingts mil eſcus à la Ville. Quand il pleut, ceux qui apportent du pain à Madrid, des Villages, ne viennent point, quoy qu'ils le vendiſſent mieux, & ſouuent il y faut en-uoyer la Iuſtice quand le bled eſt cher en Anda-louſie. S'ils en ont en Caſtille, ils ne prennent pas la peine de l'y enuoyer, ni les autres d'en venir querir, & il faut qu'on leur en porte de France, ou d'ailleurs. Quand vn Villageois qui a cent ar-pens, en a labouré cinquante, s'il croit en auoir aſſez, il laiſſe le reſte en friche. Ils laiſſent les vi-gnes venir d'elles-meſmes, & ſans y rien faire.

Vn Italien qui tailla la fienne, en trois ans la ra-
cheta de prix. La Terre d'Efpagne eft tres-fertile,
leur foc n'entre que quatre doigts dedans, & fouuent rapporte quatres-vingt pour vn. Ainfi s'ils
font pauures, ce n'eft que parce qu'ils font ro-
gues & pareffeux. * * *

LETTRE

A MADAME ***.
LETTRE XXIV.

VOvs sçauez vous deffendre de si bonne grace que ie ne feindray plus de vous accuser, & si d'auenture iusqu'icy ie l'ay fait iniustement, vous ne deuez pas vous en plaindre ni moy m'en repentir : puisque cela a fait naistre vn si bel effet, & qu'il vous en est reuenu tant de gloire, & à moy tant de contentement. Ie fus rauy hier, quand ie vis vne page & demie escrite de vostre main : ie ne me souuiens pas d'auoir iamais esté si content, ni d'auoir veû tant de belles choses ensemble ; & pour vous dire le vray, la plus grande marque que ie voye en vous de n'estre pas coupable, c'est de ce que vous traittez si doucement vos accusateurs, & que vous faites tant de bien à ceux qui ont dit tant de mal de vous. La moitié de ce que vous m'auez escrit pourroit iustifier la plus criminelle personne du monde, & l'innocence mesme ne me sembleroit pas si belle, ni si aymable, que la deffense que vous donnez à vos fautes. Aprés cela, vous pourrez faire prendre à ma créance tel parti qu'il vous plaira ; car tant que vous parlerez ainsi, ce ne sera plus la verité qui sera la plus forte chose du monde, & vostre Eloquence luy ostera cette

H

qualité. Ie remets donc toutes mes opinions entre
vos mains, celles que ie tenois les plus vrayes, me
fembleront les plus iniuftes, fi vous ne les approu-
uez pas. Ie croiray fi vous voulez que voftre Religion eft meilleure que la mienne, que le Roy n'a
point de plus fidelles fujets, que ceux de la Rochelle, qu'il feroit plus expedient, pour le bien
de l'Eftat, d'abattre la Citadelle de Mets, que le
Baftion de l'Euangile, & que mon affection n'eft
de guéres plus grande que la voftre. Mais ie croiray toufiours, & cela quand vous ne le voudriez
pas, que vous n'auez pas au monde voftre pareille,
& qu'on ne vous fçauroit affez aymer. Adieu.

A MADAME ***.
LETTRE XXV.

VOvs ne fiſtes iamais vne ſi bonne lettre que la derniere que i'ay receuë de vous, & ce qui m'a empeſché d'y reſpondre pluſtoſt; c'eſt que i'ay employé à la lire tout le loyſir que i'ay eu depuis, encore ne m'en puis-ie laſſer, tant i'y trouue de gentilleſſes de tous coſtez. Sans mentir, ie ne voudrois pas n'auoir point eſté abſent de vous à l'heure que vous l'auez eſcrite, car cela m'euſt empeſché de receuoir ce contentement, & ie doute ſi voſtre preſence m'en euſt pû donner vn plus grand. Ce Careſme-prenant que vous dites que vous eſperez apres Paſques, m'a beaucoup plus reſiouy que celuy qui eſt paſſé; & ſur la fin vous me reprochez ſi doucement ma négligence, & vous aiouſtez ſi à propos : *I'ayme mieux dire comme vous, mandez-moy ce qu'il couſtera*, que ie ne croy pas que vous ayez iamais rien dit de ſi bonne grace. M *** (pardonnez-moy ſi ie vous le dis) mais il falloit que vous fuſſiez en bonne humeur, & en verité vous me faites bien glorieux, de me dire que nous nous rencontrons en nos penſées, puis que vous rencontrez ſi bien aux voſtres ; mais puis que cela eſt vous n'en euſtes que de bien gayes ces iours paſſez, & vous

ne vous estes entretenuë quede belles imaginations;
car pour moy, il y a long temps que ie n'ay veû les
miennes en vn estat si plein de repos, & de tranquillité, & i'ose encore dire, de contentemét.
Peut-estre qu'en la fortune où ie suis, il me sied
mal de parler ainsi, & que ie ne deurois estre capable de rien de tout cela, puis que ie ne vous voy
point: Mais excusez-moy, s'il vous plaist, ie n'ay
pû m'empescher d'estre content apres auoir receu
vostre derniere lettre. Et de plus, i'ay veu depuis
quatre iours vn homme qui m'a dit tant de bien
de vous, que de long-temps ie ne sçaurois estre
triste; ce fut Monsieur ****** afin que vous sça-
chiez à qui nous auons cette obligation. Il me parla
trois heures de vostre esprit, de vostre douceur, &
de tout ce qui est d'aymable en vous, & me dit en
suite, que vous estiez la plus melácholique du monde: I'auouë que cette derniere qualité me pleût pour
le moins autant que pas vne des autres, & que cela me
chatoüilla le cœur plus doucement que toutes les
loüanges qu'il vous auoit données. Il me descriuoit
si bien vos resueries & l'indifference que vous auez
pour toutes choses, que, sans mentir, le cœur me fen-
dit de pitié, & neantmoins, pour rien du monde, ie
n'eusse voulu que vous eussiez esté moins triste.
Voila de merueilleuses contradictions, & si vous
n'estiez frappée de la mesme maladie que celuy qui
vous les escrit, à peine les pourriez-vous croire. La
tristesse & la ioye me possedoient également;

& celuy qui parloit à moy en eût veû ſans doute
quelque choſe, mais elles eſtoient toutes deux ſi
meſlées en mon viſage, que ni l'vne ni l'autre n'e-
ſtoient reconnoiſſables. Auſſi ſans s'aperceuóir du
trouble qu'il cauſoit en moy, il me reprochoit que
ie ne vous aimois pas aſſez, & que ie n'eſtimois pas
ſelon ſon prix vne affection ſi parfaite que la voſtre. Il me dépleût de le voir ſi peu iudicieux, &
deſlors i'eus peur qu'il ne ſe fuſt trompé en iugeant
de voſtre paſſion, puiſqu'il ſçauoit ſi mal reconnoiſtre la mienne. Car ayant dit tant de bien de vous,
il y alloit de mon intéreſt d'auoir bonne opinion
de ſon iugement, & i'euſſe bien voulu en auoir de
meilleures marques. Mais cela n'eſt-il pas eſtrange?
ie ſçauois mieux que luy tout ce qu'il diſoit de voſtre eſprit, & de vos humeurs, & ie ne croy pas qu'il
y ait perſonne au monde qui vous ſçache mieux
connoiſtre, ni plus eſtimer que moy, & pourtant,
toutes les fois qu'il vous loüoit, comme s'il m'euſt
appris quelque nouueauté, ou s'il m'euſt dit quelque
choſe que ie n'euſſe point ſçeuë, i'eſtois rauy de
ioye, & cét entretien m'a donné tant de contentement, que ie doute ſi le voſtre meſme m'a iamais
eſté plus agréable. Parmy tous ces plaiſirs, ie n'ay
eû qu'vn dépit, que vous m'ayez auerty d'vne choſe
que ie penſois faire ſans que vous y ſongeaſſiez, &
que i'aye eſté préuenu de vous au deſſein que i'auois.
Et en verité, vous auez trop d'impatience, & vous me
deuiez donner encore vn peu de temps, car ie veux

H iij

mourir fi ie n'y fongeois, & ie ne vous puis dire le
regret que i'ay que vous m'en ayez parlé la premiere.
Mais ne vous fafchez point de n'auoir pas eû plû-
toft mon portrait, car auffi-bien les premiers mois
de cette abfence m'auoient tellement changé, que
vous ne m'auriez pas reconnu, & ie différois à vous
l'enuoyer, iufqu'à ce que l'efpérance de vous reuoir
m'euft rendu le vifage que vous m'auez veû autrefois auprés de vous. Mais il fera tantoft temps d'y
commencer, au moins ie voy que les beaux iours fe
haftent de retourner, & cela me fait croire que les
miens reuiendront auffi. Car i'efpere que le Printemps, en rendant à tout le Monde ce que le froid
auoit caché de beau, me redonnera le moyen de
vous voir, & que ie fentiray en voftre fein les premieres violettes qu'il fera naiftre. Les autrefois il
n'auoit accouftumé de reuenir pour moy qu'en Autonne, & mon hyuer duroit toufiours iufqu'en
Aouft. Mais cette année, comme il a efté plus doux
pour tous les autres, ie penfe qu'il fera moins long
pour moy, nous verrons reuerdir enfemble les palif-
fades de la Tuillerie, où nous nous fommes prome-
nez fix mois auparauant, & le premier Roffignol
que vous entendrez chanter, vous auertira de ma
venuë. Que cette penfée m'en donne de belles! &
que i'ay de regret de vous quitter fi-toft là-deffus!
mais il faut que ie ferme ce difcours, & ma lettre,
& que ie réferue quelque chofe à vous conter en ce
temps-là. Et pourtant, quand ie n'aurois rien à vous

dire, ie ne laiſſerois pas d'auoir dequoy vous entretenir long-temps. Songez M ***. comment cela ſe peut entendre, & receuez quand-&-quand,
mille baiſers que ie vous donne en vous diſant,
Adieu.

METAMORPHOSES
DE MONSIEVR
DE VOITVRE.

METAMORPHOSE
DE LVCINE EN ROSE.
POVR MADAME LA MARQVISE
DE RAMBOVILLET.

DAns l'enclos des sept montagnes qui ont si long-temps fait trembler toute la Terre, nasquit vne Nymphe, dont le Soleil fut amoureux, & que les Dieux & les hommes aymerent également. Elle eut vn corps foible, mais parfaitement beau, vne sagesse diuine, & vne conduite merueilleuse. Vénus, qui luy voulut mal à cause de sa beauté, & pource qu'elle iugeoit estre moins honorée d'elle que les autres Déesses, entreprist sur sa vie. Mais Phébus la sauua, la changeant en vne

I

Fleur, qui est encore aujourd'huy, comme elle, la plus belle, & la plus délicate de toutes les choses creées. Le Ciel, & la Terre se resioüiffent de la voir. Elle est le Soleil des fleurs, comme elle l'estoit autrefois des beautez. Elle porte la liurée de la Pudeur, & de la Chasteté ; & s'est reseruée cette proprieté, qu'encore aujourd'huy elle met en bonne odeur, toutes celles qu'elle accompagne. Non plus qu'autrefois, elle ne desire pas qu'on l'approche. Elle s'arme d'espines pour s'en défendre, & il est aisé à iuger qu'elle n'ayme pas qu'on la touche. Elle se tient enfermée les trois parts de l'année, l'extréme chaud, & l'extréme froid la blessent ; Et l'on ne la voit paroistre qu'au Printemps.

METAMORPHOSE
DE IVLIE EN DIAMANT.
POVR MADAME LA MARQVISE
DE MONTAVSIER.

EN la partie du Monde où le Soleil se léue, & où le Ciel engendre les pierres précieuses, nasquit par miracle vne Nayade, la plus accomplie que les Dieux eussent iamais faite: Et la Mer n'auoit iamais rien veû de si beau, non pas mesme le iour qu'elle fit naistre Vénus. Neptune, pour l'amour d'elle, donna de la ialousie à Thétis, & à toutes les Nymphes de l'Ocean; mais lassé de ses mépris, il la changea en vne pierre que les Grecs apellent Vnique, ou Diamant. Comme elle fut incomparablement belle, d'vn esprit diuin, insensible, opiniastre, & impérieuse; cette pierre a vne beauté qui efface toutes les autres, vn feu qui semble venu du Ciel; elle ne se peut rompre par nulle force, elle resiste au fer & au feu, & elle monte iusques sur la teste des Roys. Comme elle fut aymée de tous ceux qui la connurent, les Grands & les petits l'ayment encore, & elle est desirée de tout le monde. Enfin, le Ciel, & la Terre ne font rien de si parfait, & les hommes ne connoissent aucune chose de si grand prix.

METAMORPHOSE
DE LEONIDE EN PERLE.
POVR MADEMOISELLE
PAVLET.

EN la Foreſt d'Erimante fut iadis vne Oréade, qui dés ſon enfance fut expoſée aux beſtes ſauuages, & alaitée, & nourrie par elles. Elle eut vn viſage humain, vn eſprit diuin, & vne ame tres-farouche. L'Amour ne ſeruit iamais perſonne ſi bien qu'elle, & iamais il n'eut vne plus grande ennemie. Elle tuoit tout ce qu'elle regardoit, & en peu de temps elle fit plus de meurtres que les Ourſes, & les Lionnes qui l'auoient nourrie. Mais les Dieux offencez de ſes cruautez, voulurent ſauuer les hommes qu'elle alloit deſtruire, & la changer en Perle, qui garde encore la netteté de ſon teint, & la blancheur dont elle obſcurciſſoit toutes choſes. Toutes les autres pierres de prix ſe marient auec l'or, celle cy ſeule ſe paſſe de luy, & ne s'allie qu'auec ſes compagnes. C'eſt l'ouurage le plus poly, & le plus agreable que le Ciel faſſe. Mais elle retient touſiours quelque choſe de ſa premiere férocité : car nous voyons qu'encore les

Perles ſe iettent à la gorge des perſonnes qui ſe
veulent ſeruir d'elles, & ne ſe peuuent réſoudre
que dans le vinaigre, pour la ſympathie qu'elle eut
autrefois auecque luy.

BALADE

DE MONSIEVR

DE VOITVRE.

Vous de qui l'œil eſt mon vainqueur;
    Belle qui cauſaſtes l'orage,
    Qui ſoufla premier en mon cœur,
    Les feux de l'Amoureuſe rage.
    Dans l'ardent braſier qui m'outrage,
    Vous ne ſçauriez plus me garder,
    Si vous ne me donnez pour gage,
    Ce que ie n'oſe demander.

Je ne ſouhaite le bon-heur,
    D'auoir vn Empire en partage,
    Ny les pompes de cét honneur,
    A qui le Monde fait hommage.
    Toutes les richeſſes du Tage
    Je ne pretens pas poſſeder :
    Et i'eſtimerois d'auantage,
    Ce que ie n'oſe demander.

Comment puis-je voir la douceur,
 Qu'Amour a peinte en ce Visage?
 Les feux de cét œil rauisseur,
 La grace de ce beau Corsage?
 Cette belle & diuine Image,
 A qui toute autre doit ceder?
 Sans desirer en mon courage,
 Ce que ie n'ose demander.

Mon respect, & vostre rigueur,
 Retiennent ma langue trop sage:
 Mais le mal causant ma langueur,
 Par mes yeux a trouué passage.
 Ils vont pour mon cœur en message,
 Et quand i'ose vous regarder,
 Ils demandent en leur langage,
 Ce que ie n'ose demander.

LE Lecteur sera auerty que bien que cét Ouurage d'Alcidalis, soit demeuré imparfait
entre les mains de l'Autheur. Il y auoit trauaillé
toutesfois prés de vingt ans auant sa mort, &
depuis l'auoit tousiours laissé sans le continuer.
Ce qui doit seruir d'excuse au peu de politesse qui
s'y peut rencontrer. Ce fragment n'estant qu'vne
legere, mais belle, & agreable ébauche de son
dessein. Et il est aisé de le iustifier par la lecture
de deux lettres de l'Autheur à Mademoiselle de
Rambouillet, imprimées il y a prés de dix ans
dans son recüeil. L'vne la 8. page 25. & l'autre la
50. page 177. où il luy parle de cét Ouurage
que dés l'année 1633. il auoit entrepris & commencé pour elle. Ausquelles, s'il a la curiosité de
voir ce qu'il en dit, ie renuoye le Lecteur.

HISTOIRE
D'ALCIDALIS
ET DE
ZELIDE.

A MADEMOISELLE
DE RAMBOVILLET.

V temps que l'Eſpagne eſtoit diuiſée, non ſeulement entre pluſieurs Roys, mais auſſi entre pluſieurs Nations; & que les Gots, les Mores, & les Eſpagnols en tenoient chacun vne partie : L'Arragon eſtoit ſous la domination d'vn Roy, qui parmy toutes les guerres dont ſes voiſins auoient eſté agitez, auoit touſiours maintenu ſes

fuiets en paix ; & qui n'eut rien de memorable,
que d'auoir efté Pere de celuy dont nous efcriuons
l'hiftoire. Sa femme, aprés luy auoir donné vn feul
fils, le laiffa veuf, en mefme temps à peu prés que
la Ducheffe de Barcelonne, ieune & vertueufe Princeffe, venoit de perdre fon mary. Quoy qu'il fût
defia affez vieux: fon Confeil & fes fuiets trouue-
rent que pour la feureté de fa perfonne, & celle
de fes Eftats, il eftoit à fouhaiter, qu'il laiffaft plus
d'vn heritier ; & le fuplierent, qu'il choifift pour
cela dans fes pays, ou dans ceux de fes voifins, vne
femme qui luy fût agreable. La beauté & la vertu de la Comteffe eftoient connuës encore plus
loin qu'en Arragon. Et outre que la raifon d'E-
ftat vouloit que l'on ne laiffaft pas perdre l'occafion de ioindre à fon Royaume, vne fi importante ville que Barcelonne, l'inclination du Roy s'y
trouua encore entierement portée. Rofalue (car
elle s'appeloit ainfi) eftoit affez belle, & beaucoup
plus habile qu'elle n'eftoit belle : & fe trouuant Sou-
ueraine, il n'eut pas fallu moins qu'vn Sceptre, pour
la faire fonger à vn fecond Mariage. Mais n'ayant
qu'vne fille, & le Roy d'Arragon qu'vn fils : elle
creut que ce n'eftoit pas feulement fe faire Reyne,
mais que c'eftoit comme laiffer vn Royaume he-
reditaire à fa fille ; & qu'eftant au milieu de beaucoup de voifins qui ne penfoient qu'à entreprendre fur fon Eftat, elle ne feroit pas blafmée de fe
mettre en feureté, en fe mettant vne Couronne fur

la tefte. Elle demeura donc aifement d'accord, de perdre le nom de Comteffe de Barcelonne, pour eftre Reyne d'Arragon ; & y fut reçeuë auec toute la ioye & la magnificence du monde. Comme elle eftoit ieune, belle & adroite : en moins de rien elle gouuerna abfolument le Roy ; & bien toft apres tout le Royaume. Les plus importantes affaires, ne fe terminoient plus que par fon auis : & le Roy auoit quitté toute forte de foin pour n'auoir plus que celuy de luy plaire. Mais dans cette grande puif-fance, la plus grande penfée qu'elle eût, eftoit de marier fa fille auec le Prince : & la connoif-fance qu'elle auoit de fon beau fils, augmentoit en elle tous les iours le defir de cette vnion. Alcida-lis (c'eftoit le nom du Prince) eftoit né fi heu-reufement, & auec tant d'auantages de la Natu-re, qu'vne des moindres qualitez qui fût en luy eftoit d'eftre fils de Roy. Il auoit vne beauté qui gaignoit le cœur de tous ceux qui le voyoient, vn efprit qui dans les premieres années de fon aage ne trouuoit defia plus fon pareil, & vne hauteur d'ame & de courage, qui donnoit du refpect & de la crainte à tout le monde. L'Enfance d'Alex-andre ne fut pas plus grande, ni plus merueilleufe, que la fienne. Il ne fe paffoit iour qu'il ne dît ou ne fît quelque chofe qui eftonnoit toute la Cour. Ceux qui fçauent l'art de iuger de la fortune des hommes par les traits de leur vifage, voyoient dans le fien des promeffes de plufieurs grands &

incroyables euenemens. Et ceux qui confideroient
fes actions, & les grandes qualitez qui eftoient en
luy, difoient que la Couronne d'Arragon eftoit
trop petite pour vne tefte comme la fienne. Ils
preuoyoient bien que les Mores, qui eftoient les
voifins de fon Pere, feroient quelque iour contrains
de mettre la Mer entre luy & eux ; & que l'Efpagne ne tarderoit à eftre à vn feul, qu'autant de
temps qu'il en falloit pour donner à ce ieune Prince la force de tirer l'efpée. Toutes ces qualitez au-
gmentoient de iour en iour pour luy l'affection de
la Reyne, qui les connoiffoit mieux que perfonne.
Elle fouhaittoit auec impatience l'occafion d'ef-
fectuer le mariage, qu'elle auoit d'abord proietté, &
n'eftimoit pas vn fi grand auantage pour fa fille d'e-
ftre Reyne d'Arragon, comme d'eftre femme d'Alcidalis. Mais quoy que nous difions de la Fortune,
il faut auoüer qu'il n'y a point de prudence comme la fienne. Elle eftablit fes deffeins de fi loin, &
les conduit par des chemins fi cachez : qu'il eft impoffible à noftre préuoyance de les empefcher, &
malgré noftre conduite, elle vient toufiours à bout
de ce qu'elle entreprend. Elle auoit refolu de combattre la prudence de Rofalue : & voila qu'elle va faite venir de de-là la Mer, vne fille encore enfant, qui eftant orpheline & eftrangere, renuerfe-
ra les deffeins d'vne Reyne tres-habile & tres-puif-
fante. Le Prince de Tenare, d'vne des plus illuftres maifons du Royaume de Calabre, & telle

qu'elle auoit donné autresfois des Roys à Naples,
& à la Sicile : eut vne grande & importante fuc-
ceffion en Arragon, qu'il fe refolut d'aller recueil-
lir luy-mefme, pour ce qu'elle luy eftoit difputée.
Mais comme il aymoit extremement fa femme, &
que luy & elle euffent vne grande paffion, pour
vne feule fille qu'ils auoient de l'âge enuiron de
cinq ou fix ans : Ils ne fe purent refoudre de fe feparer; & pafferent auec toute leur maifon en Arragon. Ils y furent reçeus du Roy & de la Reine, auec
toute la bonté & la ciuilité qui eftoient deuës à
des Eftrangers, & à des Eftrangers de ce rang & de ce
merite. Mais quelque temps apres fon arriuée, il luy
prit vne maladie qui l'emporta en peu de iours; &
laiffa fa femme dans vn defefpoir, où il n'eftoit pas
croyable qu'elle pût viure long-temps. Elle
reçeut de la bonté de la Reine, de qui elle s'e-
ftoit fait aymer extremement, toute la confolation & l'affiftance, qu'elle pouuoit fouhaiter dans
fon affliction & dans fes affaires. Rofalue auoit
toufiours trouué la Ducheffe à fon gré. Mais depuis
fon affliction, la pitié augmenta tellement l'affection qu'elle luy portoit, qu'elle commença à l'aymer comme elle-mefme. Elle la fit loger dans le
Palais : & auoit tant de foin de la tenir toufiours
aupres de fa perfonne ; qu'il fembloit qu'elle perdit quelque chofe toutes les fois qu'elle fe feparoit
d'elle, & qu'elle ne fut pas toute entiere où Camille n'eftoit point. (C'eft ainfi que s'appeloit

K iij

cette Princeffe affligée). Cependant toutes ces extraordinaires careffes de la Reine, qui peut-eftre auroient efté cápables de guerir tout autre mal que le fien, ne firent point d'autre effet en elle, que de l'adoucir quelque-peu, & de luy en faire porter la douleur auec moins d'impatience & de defefpoir. Et à dire le vray, la mort du Prince fon Mary, en vne fi mauuaife conionĉture luy fut vn coup fi rude & fi difficile à fupporter, que toutes les bontez & les confolations de la Reyne, n'empefcherent pas, qu'elle ne fut arreftée elle-mefme, faute de nourriture & de fommeil, d'vne maladie qu'elle iugea d'abord deuoir eftre le dernier de tous fes maux. Cela donna d'extrémes inquietudes à la Reine qui fouhaitoit paffionnement fa guerifon, & qui eut efté bien-ayfe de ne point voir arriuer en fes Eftats la mort de deux fi illuftres perfonnes en fi peu de temps. Elle coniura tous les Medecins les plus expers qui l'approchoient alors, de mettre en pratique les plus grands fecrets de leur art. Mais quoy qu'à la follicitation de la Reine, il s'y employaffent de toute leur puiffance, & n'y épargnaffent quoy que ce pût eftre; le mal de la Princeffe Camille, fut plus fort que tous leurs remedes. Et comme elle fe fentoit bien elle-mefme, & connoiffoit auec autant de iugement & de fens raffis que fes Medecins, que fon heure eftoit venuë. Elle fe refolut de fuiure le Prince fon Mary, auec toute la tranquilité que luy pouuoit permette le feul foucy qui luy reftoit en mourant, d'abandonner fa fille au befoin, & de la laiffer orpheline en vn âge fi peu capable de rai-fon, & dans vn pays eftranger, où elle ne pouuoit efperer d'affiftance que de la bonté de la Reine, en la Cour de qui elle fe voyoit prefte de mourir. Du-rant ces differentes penfées, qui l'agitoient au fort de fon mal, la Reine qui la voyoit le plus fou-uent qu'il luy eftoit poffible, luy ayant deman-dé l'eftat de fa difpofition. Camille tourna dou-cement fes yeux fur elle, luy prit la main, qu'el-le luy baifa plufieurs fois, fans pouuoir parler. Puis tout d'vn coup luy adreffant fa voix, elle luy dît, qu'elle auoit des obligations infinies à la meilleure Reine du monde, de l'intereft qu'elle prenoit en fa fanté. Que puis qu'elle luy faifoit l'honneur d'en vouloir fçauoir de fa bouche le veritable eftat, elle foufriroit qu'elle luy dît, qu'elle fe fentoit fort pro-che de fa fin : mais que la plus mortelle penfée qu'elle eût en l'eftat où elle fe trouuoit, n'eftoit pas celle de fa mort ; & qu'aymant fa fille beau-coup plus que fa vie, elle auoit bien plus de re-gret de la quitter, que de laiffer le monde. Elle la fuplia donc de luy permettre, qu'elle menageaft fi peu d'heures qui luy reftoient, & qu'elles les em-ployât à verfer dans fon fein les derniers & plus tendres fentimens de fon ame. Qui eftoient qu'elle beniroit le Ciel de tout fon cœur, de la mettre fi toft en eftat de fuiure au tombeau le Prince fon

Efpoux, fi deuant fa mort elle auoit agreable de
receuoir de fa main, le prefent qu'elle luy vouloit
faire, de tout ce qui apres cét Efpoux, luy reftoit
au monde de plus cher & plus precieux. Et comme en difant ces mots elle fondoit en pleurs, apres
auoir effuyé fes yeux, elle continua ; & dit, que
parmy tous fes maux elle ne pouuoit croire, que
la Fortune fût abfolument fon ennemie, puifqu'elle luy auoit donné l'honneur d'eftre connuë d'elle, & que hors le malheur du Duc fon Mary, elle
eftimoit le voyage d'Arragon heureux, quoy qu'elle iugeat affez qu'auffi bien qu'à luy, il luy coufteroit la vie. Mais que nonobftant cela elle croyoit
auoir eü encore à trop bon prix le bonheur d'e-
ftre aymée d'elle, qu'elle eftimoit tel, que fi le monde auoit quelque bien qu'elle perdît auec regret,
c'eftoit feulement fon amitié. Mais qu'elle s'en
confoloit par l'efperance que fa fille luy fuccede-
roit en l'honneur de fes bonnes graces : Qu'elle auroit la bonté de luy feruir de mere, & luy feroit
la faueur d'en auoir foin, comme d'vne perfonne
qu'elle luy donnoit en mourant. Qu'elle la fuplioit
de tout fon cœur d'accepter le don qu'elle luy en
faifoit ; & qu'en la laiffant auec cette nouuelle
qualité de fille de la Reine, elle croyoit la laiffer
plus riche de cela, que de deux Duchez dont elle
demeuroit heritiere. Qu'elle mourroit contente ; &
croiroit que fa mort feroit en quelque forte heureufe pour Zelide, puis qu'elle luy procureroit
l'hon-

l'honneur d'eſtre nourrie aupres de la plus ſage
Reyne du Monde. Apres luy auoir dit ces mots,
elle tira de deſſous ſon cheuet vn petit coffret, remply de ſes plus riches pierreries, qu'elle luy donna
en dépoſt, & la ſupplia de le garder, pour ſeruir
quelque iour au beſoin à ſa fille Zelide ; ainſi que
dans ſon voyage elle s'en eſtoit chargée pour le
meſme effet. En l'Eſtat où eſtoit la Ducheſſe, &
de la ſorte qu'elle parla, quand elle eut demandé à
Roſalue le Royaume d'Arragon, ou qu'elle eût
ſceu de quelle importance eſtoit ce qu'elle deſi-
roit d'elle ; elle ne l'eût pas refuſée. Elle l'embraſ-
ſa, & luy dit qu'elle receuoit auec beaucoup de
ioye, le don qu'elle venoit de luy faire, à condition qu'elle ne le pourroit iamais reuoquer. Que
dés ce moment là, elle croyoit auoir deux filles,
& qu'il n'y auroit iamais d'autre difference entre
elles, ſinon que Zelide ſeroit touſiours l'aiſnée.
Mais qu'elle prît courage, & qu'elle eſperoit qu'elle viuroit aſſez long-temps pour eſtre teſmoin
elle-meſme des effects de ſes promeſſes. Cela ſou-
lagea extrémement l'eſprit de Camille, mais ne
diminua en rien ſon mal. Elle veſcut encore deux
iours, & au bout de ce temps-là, elle ſortit du
Monde, auec autant de ioye que l'on ſortiroit d'vne
priſon, & laiſſa toute la Cour en triſteſſe, & la Reyne dans vne affliction qui ne ſe peut repreſenter.
Ainſi Zelide en moins de trois mois, vit enterrer
ſon pere & ſa mere, dans le Tombeau de ceux

dont ils eſtoient venus chercher la ſucceſſion, &
la voila à l'âge de ſix ans, eſloignée de trois cens
lieuës du lieu de ſa naiſſance, demeurée en vn païs
eſtranger; & ce qui eſt plus à craindre pour elle,
en la puiſſance d'vne perſonne par qui les Aſtres
la menaçoient de tous les malheurs de ſa vie. Mais
la Fortune eſt la meilleure mere du Monde, & il ne
peut arriuer de mal, (au moins qui ſoit extrême)
aux enfans qu'elle veut adopter. Elle prit cette orpheline en ſa tutelle, & par de ſi malheureux commencemens entreprit de luy mettre deux Couronnes ſur la teſte. Zelide eſtoit le plus parfait
Ouurage que le Ciel ait iamais fait, comme ſa
vie deuoit eſtre pleine de miracles, ſa perſonne
l'eſtoit auſſi ; & cette hiſtoire qui eſt vray-ſem-
blable en toutes choſes, eſt incroyable ſeulement
en ce qu'elle raconte d'elle. Depuis que le Soleil
faiſoit le tour de la terre, il n'y auoit point veu
vne beauté ſi accomplie que la ſienne; & dans le
plus beau corps du Monde, elle auoit vn eſprit qui
ne peut eſtre imaginé des noſtres, & qui ſembloit
eſtre de ceux qui ne doiuent point gouuerner
d'autres corps que ceux de là haut, & qui ont eſté
faits pour conduire les Aſtres. En vn âge où à
peine les autres ſçauent proferer quelques paroles,
elle diſoit des choſes qui euſſent eſté admirées en
la bouche des plus Sages. Perſonne n'euſt iamais
vne naiſſance ſi heureuſe que la ſienne ; toutes les
eſtoilles s'eſtoient accordées enſemble, pour luy

donner ce qu'elles auoient de meilleur. Et le Ciel
auoit mis tant de chofes en elle, que la moindre
partie qui y fût eſtoit celle qu'elle tenoit de la
Terre, & elle ſembloit vne perſonne Celeſte tom-
bée icy bas par miracle. Ses inclinations la por-
toient ſi puiſſamment au bien, que pour ce qui
eſtoit de faillir, il ſembloit qu'elle n'eut point de
libre-arbitre : Et toutes les vertus luy eſtoient ſi
naturelles, qu'il eut fallu qu'elle ſe fut fait violence pour n'en pas exercer quelqu'vne. Iamais il
n'y eut de combat en ſon ame, iamais elle ne fut
en doute entre le bien & le mal, & elle ſuiuoit
touſiours la Iuſtice & la bien-ſeance, en ſuiuant
toutes ſes volontez. Outre tant de perfections
qui ſe connoiſſoient; ces qualitez cachées & ces
graces ſecrettes qui nous font aymer les perſonnes ſans ſçauoir pourquoy, eſtoient en elle en vn
ſi haut point, qu'elle fut touſiours l'inclination
de tout le Monde. Il y auoit ie ne ſçay quel char-
me dans toutes ſes actions, qui iettoit l'amour
& la ioye dans le cœur de tous ceux qui la voyoient;
& le ſon de ſa voix auoit quelque choſe qui en-
chantoit les Ames. Elle auoit vne infinité d'autres qualitez aymables qui ne ſe peuuent exprimer, & la moindre part des perfections qui eſtoient
en elle, eſtoit celle qui ſe pouuoit dire.
    La voila ce me ſemble, Mademoiſelle, ſi ſemblable
à vous en toutes choſes, qu'il n'y a perſonne qui ne la
prit pour voſtre Sœur. Et pour moi, quoy que ie l'euſ-

se extrémement considerée, lors que vous me la
sistes voir; il y auoit en elle tant de choses à remarquer, que i'auouë que ie n'aurois peu la peindre de memoire, & que ie ne l'aurois pas si bien
representée, si ie ne l'auois copiée sur vous.

Auec ces armes là Zelide deuoit conquerir le Royaume d'Arragon, & il n'en falloit point d'autres,
puis qu'il n'y auoit pour cela qu'à gagner le cœur
d'Alcidalis, que toutes les forces du monde n'eussent
peu vaincre. Elle fut receuë dans le Palais auec
vne affection & vne resioüissance si generale, que
l'on pouuoit tirer vne augure de là, qu'elle y entroit comme Maistresse, & qu'elle y commande-
roit quelque iour. La Reyne qui auoit creu ne se
consoler iamais de la mort de sa Mere, ne pouuoit estre triste toutes les fois qu'elle la voyoit; &
le Roy ne trouuoit quasi plus de difference, entre
l'affection qu'il luy portoit, & celle qu'il auoit
pour son fils. Alcidalis & Zelide estoient en l'â-
ge, où l'on a accoustumé de peindre les Amours,
& tous deux auec tous les attraits, & toutes les
Graces que les plus excellens Peintres leur sçauent
donner. Ils auoient vne beauté si egale (quoy
qu'extrémement differente) & l'on voyoit éclatter
en eux des qualitez si extraordinaires, qu'il n'y
auoit personne qui ne iugeast qu'il estoient nez
l'vn pour l'autre; & chacun d'eux eust esté au
Monde sans pareil, s'ils n'y fussent venus en méme temps. Aussi à dire le vray, quoy qu'ils eus-

fent l'affection de tous ceux qui les voyoient , ils
n'euffent iamais efté aymez affez dignement, s'ils
ne l'euffent efté l'vn de l'autre ; & il n'y auoit
point d'autres ames que les leur, qui euffent efté
capables d'vne fi grande paffion que chacun d'eux
la meritoit. Auffi l'Amour qui vouloit donner
des preuues fignalées de fa puiffance, en deux fi
rares perfonnes, s'y eftablit de fi bonne heure,
qu'ils le fentirent long-temps deuant que de le pouuoir connoiftre, & ne leur laiffa pas mefme paffer en repos cette premiere faifon de l'aage, que la
nature femble auoir affranchie des paffions. Zelide ne manqua donc pas dés la premiere veuë de
faire dans le cœur d'Alcidalis, les mefmes effets
qu'elle auoit accouftumé de faire en tous les autres ; & luy auffi demefme fit naiftre dans l'ame de
Zelide vne émotion qu'elle n'auoit iamais fentie
pour perfonne. La Reine fuiuant le deffein qu'elle auoit proietté en Arragon, auoit toufiours fait
nourrir le Prince auec tous les artifices qui le pouuoient induire à aymer fa fille. Dés qu'il auoit
fçeu parler, on l'auoit accouftumé à la nommer
fa Maiftreffe. On le menoit tous les iours la voir,
& tous ceux qui eftoient aupres de luy, ne per-
doient point d'occafion de luy loüer fa beauté ou
fa gentilleffe. Mais les inclinations d'Alcidalis
n'eftoient point d'accord auec les volontez de la
Reine. Et luy qui auoit de la douceur & de la
complaifance pour tout le monde, fembloit n'en

manquer feulement que pour la ieune Comteffe;
& ne paroiffoit iamais fi contraint que lors qu'il
eftoit auec elle. Soit que cét efprit glorieux, trouuât mauuais qu'on l'eut deftiné à quelque chofe,
fans s'informer de fa volonté; ou que les Aftres
qui l'auoient fait naiftre pour Zelide, luy don-
naffent vne fecrette auerfion pour toutes celles qui
vouloient prendre fa place. Auffi dés qu'elle fut
entrée dans le Palais, & que la Reine l'eut donnée pour compagne à fa fille, fon efprit parut
eftre changé tout à coup. Il ne bougeoit plus de
l'appartement de la Comteffe, & il n'auoit point
de fi bonnes heures, que celles qu'il paffoit aupres
d'elle. L'Amour pour eftre bien reçeu dans les
ames, y fait d'ordinaire fon entrée, accompagné
de la ioye & de la beauté, & n'y fait point de
mal & de violence que lors qu'il croit eftre maiftre de la place; & qu'il s'eft rendu affez puiffant
pour ne plus craindre d'en eftre chaffé. Au commencement ces deux ieunes enfans ne fentirent
en eux rien d'extraordinaire, qu'vn plaifir extréme
de fe voir; ils eftoient touchez en fe regardant d'vne
certaine ioye & d'vne douceur qu'ils n'auoient pas
accouftumé de fentir, & il n'y auoit perfonne
qui ne iugeaft qu'il s'embelliffoient l'vn & l'autre
toutes les fois qu'il fe voyoient. Zelide qui iufques-là auoit eû vne enfance affez fombre, commença à eftre plus éueillée que de couftume. Et
Alcidalis eftoit fi gay & fi agreable quand il la

voyoit, qu'il fembloit qu'il fe referuaft vne humeur & vne grace particuliere pour paroiftre deuant elle. Dans l'innocence où ils eftoient, ils
furent quelques mois ioüiffans tranquillement de
ce plaifir, qui fut fans doute le plus heureux eftat
où ils fe foient veus de long-temps apres. Mais
leur efprit de iour en iour prenant de nouuelles
forces, leur paffion en prenoit auffi; & l'Amour
y deuint fi puiffant, qu'enfin il fe fit fentir, & fe
rendit reconnoiffable. Alcidalis commença à de-
uenir plus refueur que de couftume, & toutes les
fois qu'il ne voyoit pas Zelide, il payoit par vne
trifteffe extraordinaire le contentement de l'auoir
veuë. Il n'y auoit plus de ieux ni de paffe-temps
pour luy que ceux qu'il prenoit auec elle, ni d'autre plaifir que celuy de la voir; & fi quelque chofe en fon abfence le pouuoit toucher, c'eftoit d'en
parler & de s'en faire entretenir. Ce cœur qui dés
fon enfance s'eftoit propofé d'affuiettir tout le
monde, ne fonge plus qu'à la conquefte de Zelide; & s'il luy reuient encore quelque penfées de
fa premiere ambition, ce n'eft qu'auec le deffein
de fe rendre plus digne d'elle; & de mettre à fes
pieds autant de couronnes qu'elle en merite. Toutes les fois qu'il fortoit de fa prefence, il luy fembloit qu'il fut tombé du Ciel en terre, & au fortir de fa compagnie il ne pouuoit fouffrir que la
folitude. Là il repaffoit exactement dans fon efprit toutes fes paroles & toutes fes actions, & com-

fiderant chacune d'elles par tous les biais, dont on
les pouuoit prendre; il en tiroit des coniectures fa-
uorables, ou defauantageufes : puis fongeant à
tout ce qu'il auoit dit, & à tout ce qu'il auoit
fait, il fe repentoit toufiours de quelque chofe.
Tantoft il fe blafmoit d'auoir efté trop timide,
d'autresfois d'auoir paru trop hardy, & demeuroit
toufiours auffi mal-fatisfait de luy-mefme, qu'il
eftoit fatisfait d'elle. Il commença petit à petit à
quitter tous les plaifirs qui le touchoient auparau-
uant. La chaffe pour laquelle il auoit vne extreme
paffion ne luy plaifoit plus, fi elle n'y eftoit prefente; & s'il auoit encore quelque foin de fes exercices, ce n'eftoit que pour luy paroiftre plus agreable. Enfin il confideroit Zelide comme fi elle
eut efté toute feule au monde, & toutes fes penfées & fes deffeins commençoient par elle & y fi-
niffoient. L'Amour d'autre cofté eftoit bien dans
le cœur de Zelide; mais il n'auoit pas encore fait
tant de progrez, ni eftendu fa puiffance fi auant:
foit que connoiffant fa fierté il n'ofaft pas encore
fe faire connoiftre à elle, ou qu'eftant plus ieune
de deux ans, elle fut moins capable de cette paffion. Elle ne laiffoit pas pourtant de fentir en elle quelque émotion, toutes les fois qu'elle voyoit
le ieune Prince, elle auoit plus de foin de fa beauté & de fa parure qu'à l'ordinaire; elle aymoit
moins la ieune Comteffe à caufe qu'elle luy eftoit
deftinée, & les deuoirs que par force il luy rendoit,

doit, quoy que ce fut plus froidement que de
couftume, ne laiffoient pas de la toucher. Cepend-
dant comme elle auoit l'ame grande, forte, & viue, & par confequent capable d'vne paffion qui
eut toutes ces qualitez ; le merite d'Alcidalis, &
les Aftres qui l'inclinoient à cela, y firent auec le
temps, vne impreffion que rien ne pût iamais effacer : & y formerent vne affection auffi belle &
auffi parfaite qu'elle-mefme.

L'amour entre les perfonnes de haute condition,
eft comme vn feu fur vne tour, qui ne fe peut cacher
& qui eft veu de bien loin. L'affection d'Alcidalis
& de Zelide fut bien toft reconnuë de tout le
monde, & plufieurs auoient remarqué qu'ils eftoient
amoureux l'vn de l'autre, deuant qu'ils s'en apper-
çeuffent eux-mefmes. Au commencement lors
que l'enfance rendoit leurs actions moins con-
fiderables, quelque plaifir qu'ils euffent à fe
voir, on ne croyoit pas qu'il y euft d'autre Amour
entr'eux, que celuy du ieu & des paffe-temps qu'ils
prenoient enfemble. Mais lors qu'auec le temps
Zelide deuint plus ferieufe, & qu'Alcidalis faifoit
defia paroiftre en toutes fes actions, vn iugement
qui euft pû gouuerner le Royaume de fon Pere.
Il n'y eut plus perfonne dans la Cour, qui ne iugeaft que ces deux ames-là eftoient attachées enfemble d'vne veritable paffion, & qu'il y auroit
beaucoup de peine à les feparer. La Reine qui
eftoit extrémement habile, & à qui rien n'eftoit fi

M

confiderable que le ieune Prince, euft de bonne
heure les graces de Zelide pour fufpectes, & fût
vne des premieres qui prit garde à cette affection.
Mais comme elle auoit vne grande confiance en
fon authorité & en fon efprit, elle penfa qu'il n'y
auroit de la peine que pour eux ; & ne creut pas
qu'elle pût trouuer de la refiftance en deux ieunes
efprits, & fur qui elle auoit pouuoir : elle qui
auoit fait flechir les plus grands & les plus habi-
les du Royaume. Cependant la beauté de Zelide
croiffoit de iour en iour, & au lieu que iufques-là
elle n'auoit fait, pour dire ainfi, que commencer
à poindre ; elle s'auançoit auec tant de lumiere &
d'éclat, qu'il fembloit qu'elle fe declaraft ouuertement contre la Reine ; & que malgré elle, elle
voulut gagner tous les cœurs de fon Royaume.
D'autre part le ieune Prince fentant fa naiffance
& fa force, commençoit à fe laffer de viure fous
la Loy des Gouuerneurs, & fous la conduite d'vne
femme. Ce cœur naturellement grand & Royal,
eftoit encore enflé & groffi de la paffion dont il
eftoit plein, & ne pouuoit plus reconnoiftre d'autre Empire que celuy de Zelide. Il commença à
faire pareftre ouuertement l'affection qu'il auoit
pour elle, & n'accordoit plus de faueur que par
fa recommandation. Il ne s'habilloit plus que de
fes couleurs aux courfes de bagues ; & aux balets,
toutes fes deuifes parloient d'elle, & ne pouuoit
fouffrir qu'on s'imaginât qu'vn autre que luy pût

iamais auoir part en fon Ame. Il n'y auoit perfonne qui en fon cœur ne fauorifaft leur affection,
chacun faifoit des vœux fecrets pour eux, leur paffion eftoit celle de tout le monde; & leurs defirs
eftoient fuiuis de ceux de tous les autres. La Reyne alors commença à craindre & à s'apperçeuoir
qu'elle auoit attendu trop tard, à s'oppofer à vn fi
grand feu, qu'il luy coufteroit du foin pour l'efteindre, & qu'elle feroit obligée à fe feruir de remedes
violens. Cependant elle voulut premierement tenter tous les autres, elle effaya par toutes fortes de
moyens à regagner l'efprit d'Alcidalis qui fembloit eftre deuenu plus farouche pour elle. Il n'y
auoit point d'artifice dont elle n'vfaft pour dimi-
nuër la beauté de Zelide, & pour augmenter celle de fa fille: elle l'inftruifoit elle-mefme de tout
ce qu'elle auoit à dire & à faire; elle ne paroiffoit
plus qu'auec éclat & auec pompe; on ne la voyoit
que parée & couuerte de pierreries. Mais Zelide
toute negligée brilloit dauantage, fes yeux & fon
teint oftoient l'éclat aux Diamans, & la blancheur
aux Perles; & les richeffes que le Ciel luy auoit
données, effaçoient toutes celles de la Terre.

La Reyne voyant donc combien fa prefence
eftoit contraire à fes deffeins, & que d'vne feule
œillade elle renuerfoit tous fes confeils, fe refolut enfin de les feparer & d'efloigner Zelide; efpe-
rant que l'abfence pourroit effacer les impreffions
que l'Amour auoit fait en ces deux Ames, ieu-

M ij

nés & tendres encore : & que ceux qu'elle auoit
mis aupres d'Alcidalis pour le gagner, le trouue-
roient plus capable d'estre persuadé, quand il ne
verroit plus l'objet de cette naissante passion. Elle
feignit donc que pour la santé de sa fille elle vouloit aller passer deux ou trois mois, en vne mai-
son qu'elle auoit en Catalogne, & apres auoir communiqué son dessein au Roy, elle commanda que
toutes choses fusses prestes pour son partement,
& dit qu'elle ne vouloit estre suiuie que de ses
femmes. L'estonnement que reçeurent nos Amans
de cette nouuelle, n'est pas vne chose qui se puisse representer ; iusques là ils n'auoient senty pas
vne des amertumes de l'amour, & n'en auoient eu
que les douceurs & les roses : ils auoient ioüy en
repos & doucement de la presence l'vn de l'autre,
& hors quelques apprehensions pour l'auenir qui
ne pouuoient estre bien fortes en deux ames ieunes & pleines de confiance, leur ioye auoit esté
sans trouble & sans nüage. Alcidalis fut celuy
que ce desplaisir toucha dauantage, ou au moins
qui le sçeut moins dissimuler : Il n'y eut rien qu'il
ne tenta pour rompre ce dessein, & toutes choses,
mesme les plus extrémes, luy passerent par l'imagination. Mais voyant que ce mal estoit sans remede, & qu'enfin le temps s'approchoit qu'on luy deuoit enleuer Zelide, il se resolut au moins de ne
la point laisser partir, sans luy declarer ouuertement son affection, & luy faire voir de quelle

qualité elle eſtoit. Iuſques-là il auoit veſcu auec
elle ſans luy rien dire de ſa paſſion, & toutes ſes
actions luy en parloient à toute heure, ſans que
ſes paroles luy en euſſent iamais rien teſmoigné:
ſoit que la honte qui eſt ordinaire à cét âge l'en
eut empeſché, ou qu'eſtant entierement remply
& ſatisfait du plaiſir de la voir, il ne pût ſonger à
autre choſe. Enfin le dernier ſoir deuant ſon partement, il alla chez la Reyne, où apres auoir demeuré quelque temps, il trouua moyen de ſe rencontrer ſeul auprés de Zelide. Ce fut la premiere
fois qu'Alcidalis eſprouua ce que c'eſtoit que la
peur; il eſſaya deux ou trois fois de luy dire ce
qu'il auoit reſolu, & ayant ouuert la bouche il
diſoit autre choſe, n'ayant pas aſſez de reſolution
pour cela. Au lieu que les autres fois il eſtoit tout de
feu en voyant Zelide, il ſe ſentoit alors tout de glace
auprés d'elle. Mais enfin apres quelques diſcours
indifferens, auec vn battement de cœur, & vne
voix baſſe & tremblante, il luy dit. Ie ne doute
pas, Zelide, que vous ne ſçachiez bien que ie vous
ayme, mais ie ſuis aſſeuré que vous ne ſçauez pas
combien; & pource que cette abſence de quelques
iours, doit eſtre pour moy de beaucoup d'années,
& que ie ne ſçay pas ſi ie viuray ſi long-temps:
ie vous veux faire connoiſtre mon affection, afin
que ſi vous ne me trouuez plus à voſtre retour,
vous ſçachiez au moins combien vous me deurez
plaindre. Si vous-vous conſiderez Zelide, & que

vous me confideriez auffi ; vous iugerez bien que
vous ne pouuez faire naiftre de mediocres affections, & vous croirez de moy que ie n'en puis
reçeuoir de petites ; & s'il y a quelque chofe en
ma perfonne hors du commun, vous penferez aifement que c'eft principalement l'affection que
ie vous porte. Par la connoiffance que vous auez
de vous & de moy, vous pouuez bien imaginer
combien elle eft fincere, fidelle, & refpectueufe ;
mais combien elle eft grande, vous ne fçauriez.
C'eft vne chofe qui eft au de-là de toute imagination, & moy-mefme qui la reffens, ie ne la
puis exprimer, & fouuent ie ne la puis comprendre. Dés le moment que ie vous eus veuë, la paffion que i'ay pour vous fut au point, où apres
beaucoup de temps, les plus grandes ont accouftumé d'arriuer ; & depuis ce temps-là il n'y a pas
eu vn feul moment qu'elle ne fe foit augmentée.
Tant que i'ay efté enfant ie n'ay pû vous la dire,
& depuis ie n'ay pas ofé. Encore à cette heure ie
tremble en vous difant que ie vous adore, & fi
vous ne me r'affeurez auec vn regard fauorable,
ie n'auray pas affez de force pour acheuer ce qui
me refte à vous dire. Là-deffus, elle qui auoit
toufiours tenu la veuë baiffée, le regarda doucement. Il fembla à Alcidalis qu'il auoit veu les
Cieux ouuerts dans les yeux de Zelide, & repre-
nant courage, il continua ainfi. Il eft vray, Zelide, que ie connois que la paffion que i'ay pour

vous eſt la plus grande & la plus parfaite qui fut
iamais ; mais que ſçay-je s'il eſt permis aux hommes d'en auoir pour vous. Ie vous le diray fran-
chement, l'humilité eſt vne vertu que vous ſeule
m'auez fait connoiſtre. I'ay creu touſiours que toute la terre eſtoit trop peu pour moy, mais ie croy
aujourd'huy que moy-meſme ſuis trop peu pour
vous ; & autant que i'eſtime au deſſous de moy
toutes choſes, ie me tiens au deſſous de ce que
vous meritez. Ie ſçay bien que c'eſt la derniere
choſe que vous conſidererez en ma perſonne que
ma fortune : & ie ne ſuis pas ſi malheureux que
vous ne trouuiez en moy quelques qualitez que
vous eſtimerez dauantage, que celle que ma naiſſance me donne. Mais s'il y a quelque choſe qui
ſoit digne de vous, c'eſt cette Ame, de laquelle
ie vous fais don, & que ie vous puis dire eſtre aſſez grande & aſſez noble pour eſtre reçeuë de la
voſtre. Ie ne la loüerois pas ſi hardiment ſi elle
eſtoit encore à moy, & i'en parle auantageuſe-
ment comme de toutes les choſes qui vous ap-
partiennent. Depuis qu'elle a quelque connoiſſan-
ce, elle n'a iamais eu que deux deſſeins ; le premier
& qui a entretenu ſa premiere enfance, a eſté la con-
queſte du Monde, & depuis qu'elle a eſté plus har-
die & plus raiſonnable, elle a deſiré Zelide. Si cette
adorable Zelide ne m'eſt point contraire, l'autre
deſſein me ſera bien aiſé à executer, & la Couronne
d'Arragon que ie luy promets dés cette heure, & que

tous nos ennemis ne fçauroient empefcher que ie ne
luy donne, ne fera qu'vne petite partie de celles
que ie mettray quelque iour à fes pieds. Alcidalis fe teut attendant la refponfe de Zelide, qui
dans le trouble où elle eftoit, euft à peine affez de
force pour proferer ce peu de paroles. Monfieur,
ie fuis fi eftonnée de vous entendre parler fi fe-
rieufement d'vne femblable matiere, & de voir
de quelle forte tout le monde confidere noftre
entretien ; que ie ne fçay que dire à cette heure,
& vous fuplie de me permettre de differer à vous
refpondre iufqu'à noftre retour. Cependant, ie
vous prie de croire, que ie feray bien-aife que
l'on ne me donne gueres de temps pour cela.
Durant tout ce difcours il n'y eut perfonne,
qui ne tint les yeux attachez fur Alcidalis
& Zelide, & qui ne remarqua qu'il parloit
à elle auec plus d'attention que de couftume. La
Reyne qui deuant tous les autres y auoit pris garde, & à qui cette conuerfation donnoit beaucoup
d'inquietude, fe leua de fa place, & s'approchant
d'eux ; dit en foufriant à Alcidalis. Monfieur, vous
parlez à Zelide auec tant d'action, & auec vn vifage fi ferieux, qu'il femble que vous ayez quelque
different auec elle : Si cela eft plaignez-vous en à
moy, car ie me mettray de voftre party, & deuant
qu'elle parte, ie vous en feray faire raifon. Alcidalis, qui apres auoir fait le premier effort, & pris
la hardieffe de parler de fon affection à Zelide,

s'eftoit

s'eſtoit r'aſſeuré, & eut eſté bien-aiſe de continuer plus long-temps ſa conuerſation, fut au deſeſpoir de ſe voir interrompu ; & ſans regarder quaſi la Reyne, luy reſpondit fierement. Madame, ie tiens Zelide ſi iuſte, que quand elle m'auroit fait quelque tort, ie ne voudrois point en cela d'autre iuge qu'elle; il ne ſera pas beſoin que perſonne ſe meſle de nos differens, & quelque querelle que nous puiſſions auoir enſemble, ie ne ſçauray gue-res de gré à ceux qui ſe mettront en deuoir de nous ſeparer. Cette reſponſe fiere fut remarquée de tout le monde : & la Reyne qui la ſentit mieux que perſonne, fut celle qui fiſt moins de ſem-blant de l'auoir entenduë; & changea auſſi-toſt de diſcours. Le lendemain Zelide partit de grand matin ſans qu'Alcidalis pût parler à elle : & laiſ-ſant le Prince dans vne triſteſſe mortelle, elle eſtoit en cela plus malheureuſe que luy, qu'outre qu'elle en ſentoit vne pareille, elle auoit de ſur-plus la peine de la cacher, & d'eſtre obligée de rire deuant le monde, lors qu'elle pleuroit dans l'ame des larmes de ſang.

De tant de deſplaiſirs que l'Amour traiſne auec ſoy, l'abſence eſt vn des plus ſenſibles : il y a bien quelques douleurs aiguës, comme celle de la ialouſie, qui percent & poignent dauantage; mais il n'y en a point de ſi peſante & de ſi dure à ſupporter, ni qui accable tellement toute ſor-te de vigueur. La premiere choſe que fit Alcida-

N

lis apres auoir veu monter Zelide en Caroſſe, &
l'auoir conduitte de veuë autant qu'il pût; ſe fut
de ſe retirer ſeul en ſa chambre: & là apres s'eſtre
enfermé, il ſe ietta ſur ſon lit, où fondant en
larmes & en ſoûpirs, il fit les meſmes regrets que
ſi Zelide euſt eſté morte, & non pas abſente. De
quoy vous plaignez vous Alcidalis ? vous auez
ioüy paiſiblement toute voſtre vie de la veuë de
Zelide, & vous ne ſçauriez ſouffrir huit iours
d'abſence. L'Amour a accouſtumé de preſter
toutes ſes ioyes à groſſes vſures: il ſe fait payer
de tout à point nommé ; & ce n'eſt pas ſon ordinaire de laiſſer ſi long-temps en repos ceux qui luy
doiuent. Vous eſtes vn de ceux qu'il a traittez
le plus fauorablement : reſeruez donc ces larmes
a vne autre occaſion, où elles ſeront mieux employées. Il viendra bien-toſt vn temps où vous aurez plus de raiſon de vous plaindre, & le iour s'apro-
che que Zelide & vous, ſerez bien plus cruellement
ſeparez, & ſans eſperance de vous reuoir iamais.
Il paſſa tout ce iour ſans voir perſonne, & les
autres ſuiuañs ſans parler à qui que ce fut; ſi ce
n'eſtoit lors qu'il alloit voir le Roy, & qu'il ne
pouuoit éuiter de luy reſpondre: encore eſtoit-ce
auec tant de langueur, & ſes paroles ſortoient
auec tant de peine, que l'on voyoit bien que ſon
ame eſtoit bien loin de luy. Enfin apres auoir
paſſé huit iours dans toutes les triſteſſes, & les
impatiences du monde, il creut eſtre à la fin de

ſa vie, & qu'il y auoit mil ans qu'il n'auoit veû
Zelide. De ſorte qu'vn ſoir qu'il eſtoit tout ſeul
dans ſa chambre, à entretenir ſes penſées, ſans
prendre conſeil que de ſes deſirs & de ſes inquietudes, il reſolut d'aller où eſtoit Zelide. Et
puiſque de ne la point voir il preuoyoit ſa mort
infaillible, il creut qu'il ne luy pouuoit arriuer
pis de l'aller voir, & s'approcher du lieu où elle
eſtoit.

Apres que l'Hebre, qui eſt vn des plus celebres Fleuues d'Eſpagne a paſſé au long des murs de
Saragoſſe, comme s'il n'y auoit plus rien digne de
luy en Arragon, il prend le chemin de Catalogne, où ayant reçeu en paſſant beaucoup de petits ruiſſeaux pour entrer plus magnifiquement
dans la Mer, il s'y va rendre enfin à demi-lieuë
de Tortoſe. Toute la Terre qu'il arroſe eſt extrémement fertile & couuerte d'arbres, & d'autant
plus agreable, que le reſte du païs conſiſte en
des plaines ſeches & nuës, ou en des montagnes
toutes noires & bruſlées de l'ardeur du Soleil.
A quinze lieuës de ſon emboucheure il paſſe par
vne vallée, qui peut auoir deux lieuës de lon-
gueur & deux de large, & qui eſt ceinte d'vn
coſté & d'autre de montagnes. En cét endroit le
Fleuue coule fort douçement par la rencontre de
quelques Rochers, qui à quatre lieuës plus bas
s'oppoſent à ſon cours: & fait pluſieurs replis
dans la plaine, ſe tournant d'vn coſté & d'autre,

comme douteux du chemin qu'il doit prendre
par les montagnes. Ses riues font extrémement
ombragées & fleuries, & fes eaux fi claires & fi
nettes, qu'il n'y a pas vn arbre fur le riuage, ni
mefme quafi pas vne fleur, qui ne s'y voye deux
fois, & qui ne paroiffe dans l'eau auffi belle &
auffi diftincte que fur la Terre. Les plantes or-
dinaires de ce païs font les Chaines verds, les Oli-
uiers, & les Pins ; & outre qu'il n'y fait quafi
iamais de froid, il n'y a gueres que de ces arbres
qui ne le craignent point. Les monts de Catalogne tiennent toute la valée à l'abry des vents
du Septentrion ; de forte qu'en tout temps elle
eft couuerte de verdure, & l'on n'y fent iamais
l'hyuer, que l'on voit toufiours fur les montagnes voifines. C'eftoit en ce Paradis que Zelide
faifoit fon enfer, & où eftoit la maifon où la
Reyne l'auoit emmenée. L'on euft dit que les
Eaux, les Fleurs & les Plantes, s'eftoient embellies
par fa prefence. Elle feule eftoit trifte parmy
tant d'objects agreables ; & perdoit de iour en
iour le luftre & la beauté, qu'elle fembloit donner à toutes chofes. L'abfence d'Alcidalis l'affli-
geoit extremement : mais fur tout les deffeins de
la Reyne la mettoient en peine, & fon imagination luy reprefentoit fi bien tous les maux qui
luy deuoient arriuer, que fouuent la crainte de
ceux qui eftoient à venir, luy oftoit le fentiment
des prefens. Elle voyoit que fes biens, fa for-

tune. & elle-mefme eftoient au pouuoir de la
Reine; & ce qu'elle fentoit dauantage qu'Alcidalis y eftoit auffi: luy, qui luy eftoit plus cher
qu'elle-mefme, que fes biens, & que fa fortune.
Elle confideroit que l'affection du Prince n'eftoit
point mediocre, que fon courage eftoit tres-grand;
mais que fon authorité eftoit encore bien foible,
que l'on ne fouffriroit pas qu'il mefprifaft la
Comté de Barcelonne, que la Fortune luy offroit
fi heureufement auec la fille de la Reine, pour
prendre vne Orpheline & vne Eftrangere, qui
n'auoit de biens, de Parens, ni de fupport, que
de là la Mer. Qu'il ne pourroit pas refifter feul
au Roy & au Royaume, que la Reine gouuer-
noit abfolument tous les deux; que tant qu'ils
auoient efté enfans, tout le monde auoit approu-
ué leur affection, mais que perfonne n'approu-
ueroit leur mariage, & que quelques-vns la regar-
doient defia comme l'Ennemie de l'Eftat, & le flambeau qui deuoit vn iour mettre le feu dans la
Maifon Royale. Ces penfées, & d'autres femblables luy agitoient l'efprit de mille troubles.
Tant loin qu'elle portaft la veuë dans l'auenir
elle ne voyoit point de iour à fes efperances: &
fans fçauoir dans ce labyrinthe qu'elle fin pourroient prendre fes auentures; elle iugeoit bien
qu'elle ne pouuoient en auoir d'heureufe. Vn
iour entre autres qu'elle accompagnoit la Reyne,
qui fe promenoit dans vn bois extrémement cou-

uèrt, dont les allées alloient iufqu'à la prérie, qui
feruoit comme de bordure à la riuiere ; elle fift
en forte que fuiuie feulement d'vne de fes filles,
elle fe fepara du refte de la troupe, & (ce qui n'e-
ftoit pas vn petit foulagement pour elle) qu'elle fe vît en liberté d'eftre trifte, & de la paroiftre : fe reprefentant les fortunes de fa vie, fongeant à fes difgraces paffées, aux prefentes, & à
celles qui la menaçoient. Ses refueries l'entre-
tinrent fi bien , que fans penfer au chemin
qu'elle auoit fait , elle fe trouua fur le bord de
l'Hebre : & en vn endroit fi agreable, qu'il euft
pû diuertir toute autre trifteffe que la fienne. Le
Soleil qui fe couche dans l'Ocean vers cette con-
trée, & s'y fait voir plus beau qu'en pas vn lieu
du monde; eftoit à l'heure preft de fe cacher dans
ces nuées d'or & d'azur, dont il s'enueloppe quand
il va voir les Nymphes de la Mer : mais n'ayant
rien veu depuis qu'il s'eftoit leué de fi beau que
Zelide, il fembla que pour la voir plus long-
temps, il fe haftaft moins de tomber dans les flots:
& il ietta tant d'or fur toutes les fueilles des arbres, & fur toutes les ondes du Fleuue, que fes
rayons fembloient fe r'allumer pour continuër le
iour en faueur de cette Princeffe; l'enuironnant
de telle forte, & s'accordant fi bien auec le refte
de fa beauté, que l'on pouuoit douter fi ces rayons
eftoient ceux du Soleil, ou ceux de Zelide. Les
charmes de ce lieu delicieux, la douceur de l'air &

le plaifir qu'elle prenoit à eftre feule, la conuie-
rent à continuër fa promenade dans la prérie, où
apres s'eftre arreftée quelque temps; elle reprenoit
defia fon chemin pour aller retrouuer la Reyne;
quand le bruit d'vn Cor, qui fembloit ne venir
pas de fort loin, luy fit tourner la tefte vers la
montagne prochaine, où ayant quelque temps arrefté la veuë, elle vit (ce luy fembla) deux hommes
embraffez enfemble qui rouloient du haut d'vne
Roche; & qui ayant efté arreftez par quelques ron-
ces en vn endroit où elle eftoit moins droite : elle
apperçeut que ce qu'elle auoit creu eftre deux
hommes, eftoit vn homme & vn Ours, le plus
grand qu'on ait iamais veu, qui luttoient enfemble; mais auec le defauantage qu'on fe peut imaginer, dans vn combat fi inégal. Au mefme
temps elle vit à peu pres au mefme endroit de la
montagne, d'où l'autre eftoit tombé, vn ieune Cheualier auantageufement monté, portant
vn Cor en écharpe, & vn Iauelot en la main :
qui s'eftant arrefté, & voyant le peril, où eftoit
celuy qui fembloit eftre de fa troupe, pouffa fon
cheual vers luy, ou pour mieux dire, fe precipita
en bas de la montagne. Cependant la force du
cheual fut telle, ou l'adreffe du Cheualier, ou la
fortune de tous les deux; que comme s'il euft couru en vne plaine campagne, il fe trouua fans aucun mal aupres de l'Ours, & luy porta fi auant
dans les entrailles le Iauelot qu'il tenoit en la main;

qu'en mefme temps il perdit la vie & fa prife.
Tout cela neantmoins de fondre du haut de la
montagne, de tuer la befte, & de deliurer fon
amy, fe fit fi fort en vn inftant; que l'on peut dire que la foudre ne tombe pas plus vifte, & ne
fait pas fon effet plus promptement. Il depleût à
Zelide qu'vn autre qu'Alcidalis, eut fait ce coup-
là : & elle fut fafchée d'auoir veu en vn autre
que luy, quelque chofe qui luy pût plaire. Mais
le Cheualier prenant fon chemin vers elle, &
ayant pouffé fon cheual dans le Fleuue qu'il paffa à gué : elle commença à douter fi ce n'eftoit
pas luy-mefme. Et comme il fut plus prés ayant
acheué de le reconnoiftre, mais ne s'en pouuant
affeurer, elle fe retourna vers fa Demoifelle , &
luy demanda fi elle connoiffoit ce Cheualier. Madame (ce luy dit-elle) lors qu'il eftoit plus loin,
nous le deuions reconnoiftre par ce qu'il auoit
fait, mais maintenant nous voyons que c'eft le
Prince. Il eftoit à cette heure-là à vingt pas d'elles : l'eftonnement, la crainte, & la ioye vinrent
fi à coup tout enfemble dans l'efprit de Zelide,
qu'à cét abord elle ne trouua point de paroles
pour les premiers complimens. Le Prince qui
s'eftoit preparé à cette rencontre , quoy qu'auec
beaucoup d'émotion de fon cofté, fut plus affu-
ré qu'elle; & luy dit. Quand ie n'euffe point fçeu,
Madame, que c'eftoit icy le lieu où vous eftiez,
à voir ces préries fi vertes & fi fleuries, & ces ri-
                                                    ues

ües si belles & ombragées, il estoit aisé de deui-
ner que Zelide n'en estoit pas loin. Il n'y auoit
que vous qui pûssiez faire naistre tant de fleurs en
vn pays si desert, & qui sçeussiez faire ce miracle
dans les montagnes de Catalogne. Monsieur (ce
luy dit Zelide qui auoit eû le loisir de se rasseu-
rer vn peu) vous estes ingrat enuers l Hebre, sur les
bords duquel vous estes, & qui semble s'estre baissé
tout exprés pour fauoriser vostre passage, de me
donner vne gloire qui est deuë à la fertilité
de ses ondes, qui arrousent & embrassent cette
vallée auec tant de soin; que quand vous aurez
bien consideré la beauté de ces prés, de ces bois
& de ce parc, dans lequel nous allons entrer, vous
auoüerez que les Palais de Saragoce, & les magnificences des Roys Mores peuuent estre quelquesfois laissez pour cette solitude. Mais apres
tout cela, ie vous asseure Monsieur, (luy dit elle en souriant) que nous n'auons encore rien veu
dans ce valon de si beau, que ce que vous nous
auez fait voir sur cette montagne. Et moy, luy
dit le Prince qui vouloit changer ce discours, ie
vous iure que quand de cette montagne on dé-
couuriroit toute la Terre, on n'y verroit rien de
si beau que ce que vous nous faites voir dans ce
valon. Cependant ils auoient repris le chemin du
bois où estoit la Reyne, & la fille qui les suiuoit
estant vn peu demeurée derriere: Zelide baissant
la voix, luy dit, Monsieur vous venez de faire

O

deux chofes bien pleines de hardieffe, l'vne de
vous eftre precipité de ces Roches en bas, pour
combattre vn animal fi fauuage : & l'autre d'eftre
venu voir la Reyne en vn temps où elle vous
attendoit fi peu. Madame, refpondit Alcidalis,
i'euffe eû beaucoup plus de hardieffe de demeurer à Saragóce; car c'euft efté de pied ferme attendre la mort, que ie ne pouuois éuiter, fi i'euffe
efté plus long-temps fans vous voir. De forte
que ce qui vous femble vne temerité, eft pluftoft
quelque defaut de courage, puifque ie fuis venu
icy pour éuiter vn peril bien plus grand, que les
deux où vous dittes que ie me fuis mis. Ie ne
l'euffe pas creu ainfi, luy dit elle, & pour moy,
ie vous auoüé que ie n'euffe pas ofé combattre
l'Ours, & que i'oferois auffi peu deplaire à la
Reyne ; mais i'aurois, ce me femble, affez de courage pour fouffrir vne abfence. Pour fçauoir ce
que c'eft qu'vne abfence, repliqua Alcidalis, il
faut fçauoir ce que c'eft qu'affection, & vous ne
fçauriez eftre en cette peine, vous Madame qui
ne deuez aymer que vous-mefme, & qui portez
toufiours où vous eftes, tout ce qu'il y a d'aymable
au monde. Alcidalis, refpondit Zelide, vous ne
croyez pas ce que vous venez de dire, & fi vous
me penfiez fi ingrate, & fi vaine, que de ne pouuoir aymer que moy-mefme, vous n'auriez pas
tant d'impatience de me reuoir. Mais afin que
vous en foyez éclaircy d'auantage, efcoutez-moy,

& me donnez loifir de vous faire la refponfe que ie vous promis en partant de Saragoce. Et
pource qu'en difant cela, elle fe fentit rougir extremement, & vit qu'il y auoit pris garde; elle
commença ainfi. La couleur qui me monte au vifage, me vient pluftoft de ce que ie vais dire vne
chofe que ie n'ay point accouftumée ; que de
la penfée que i'aye, de rien faire en cela contre
mon deuoir. Ie ne fçay fi c'eft toufiours vne honte à vne fille de confeffer qu'elle ayme, mais ie fçay
bien que s'il y en a quelqu'vne qui puiffe eftre ex-
cufable, c'eft moy plus que pas vne autre. Ie ne
diray point que les Eftoilles m'ayent fait violence, où que vos qualitez m'y ayent obligée : c'eft
vn pretexte dont toutes les autres fe peuuent couurir, & i'allegueray feulement ce qui eft de particulier pour ma deffence. Deuant que de fçauoir
qu'il ne falloit pas aymer ie vous ay connu aima-
ble Alcidalis, & i'auois reçeu voftre affection en
vn temps, où ie ne pouuois pas connoiftre ces
loix, qui deffendent à noftre fexe d'en reçeuoir.
On ne me peut pas blafmer d'auoir donné entrée
à vne paffion, que ie puis dire auoir trouuée en
mon ame, & non pas que ie l'y aye reçeuë ; & qui
y eft tellemement de tout temps que ie ne me
puis non plus fouuenir de fa naiffance, que de
la mienne. Le premier fentiment que i'ay eu dans
le Monde, a efté celuy qui m'a touché pour vous : &
l'Amour propre que nous fentons fi toft, & qui eft

fi naturel à tout le monde, eft venu en moy plus
tard que l'amitié que ie vous porte. Ma raifon
qui n'a paru que long-temps apres, l'y a trouuée
fi bien eftablie, qu'elle a creu que c'eftoit vne partie de moy-mefme : & de plus elle luy a femblé
fi innocente & fi iufte, qu'elle s'eft employée à la
fortifier pluftoft qu'à la deftruire. Ie dis tout cecy pour m'excufer enuers vous, & enuers moy-
mefme; & vous faire voir que l'ame la plus forte
& la plus iufte du monde, euft efté prife comme
la mienne. Si donc vous eftes bien-aife, que ie
vous ayme, ne m'en fçachez point de gré, mais
remerciez-en les Dieux qui l'ont voulu : & fi vous
m'eftes obligé de quelque chofe, que ce foit de
ce que i'ay bien voulu vous le dire. Si ie n'auois
pas affez de force pour efteindre l'affection que
i'ay pour vous, i'en auois affez pour la cacher ; & il
eftoit en ma puiffance de la diffimuler toute ma vie;
ou comme font celles de mon fexe de vous la té-
moigner peu à peu, apres vous l'auoir fait defirer
long-temps. Mais fi elle eftoit defraifonnable &
indigne de vous, & de moy, il ne feroit iamais temps
de vous la defcouurir ; & fi au contraire elle eft
telle que ie la dois auoir pour eftre digne d'Alcidalis, & de Zelide : Pourquoy ne vous pas donner dés cette heure la ioye de la connoiftre & d'en
eftre affeuré? Ie vous le dis donc, Alcidalis, ie
vous ayme, & quoy que ie le die auec rougeur,
ie vous le dis pourtant fans honte ; ie reçois de

bon cœur cette ame que vous dittes qué vous m'auez donnée. Pour ce qui est de la Couronne que vous me promettez auec elle, la Fortune en disposera. Ie fais bien plus d'estat de ce que vous m'auez donné, que de tout ce qu'elle me peut offrir; & i'estime bien dauantage vostre Cœur que vostre Royaume. Ie suis bien-aise de voir qu'il n'y ait pas vne qualité en vous qui ne soit Royalle; mais ie voudrois que vostre naissance ne le fut point. Cette Couronne que vous me promettez comme le comble de ma felicité, sera la cause de tous mes malheurs; & pour m'oster ce que i'estime le moins en vous, on fera toutes sortes d'efforts de m'en rauir le reste. Ie voy dés cette heure, mais d'vne veuë asseurée, tous les désplaisirs qui me menacent. Ie sçay que vostre affection me donnera la hayne de tous les autres, & que pour me vouloir beaucoup de bien, vous me ferez beaucoup de mal. Mais vne personne qui auec le cœur de Zelide, a encore celuy d'Alcidalis, ne doit rien craindre. Ie resisteray à tout auec vne resolution qui vous estonnera, & puisque le Ciel a voulu que i'eusse vne affection, ie l'accompagneray de tant de constance, de force, & de vertu, que ce qui est d'ordinaire blasmé en celles de nostre sexe, sera en moy vn suiet d'estime & de loüange. Alcidalis, qui dés que Zelide commença à parler fut trancy de crainte, comme vn homme qui alloit entendre l'arrest de sa vie, ou de sa mort; entendant

de quelle forte elle luy parloit, & voiant que c'e-
ftoit beaucoup plus fauorablement qu'il n'euft
ofé fouhaiter; n'ofoit prefque croire à fes oreilles.
Mais enfin s'eftant r'affeuré, & voyant qu'il ne
fe trompoit pas, il fe trouua dans vn tel rauiffe-
ment, qu'il fut long-temps fans rien dire, & ne
pût trouuer de paroles pour la remercier. A la
verité il n'y en auoit point pour cela, & c'eftoit vn
effet du trouble, où il fe trouuoit que de fe mettre en peine d'en chercher. Il luy refpondit bien
mieux par fon filence; & par les larmes de ioye
qu'il refpandoit en la regardant. Mais ayant tour-
né dans vne autre allée, & voyant qu'ils eftoient
hors de la veuë de celle qui les fuiuoit; il mit
vn genouïl en terre, & comme il commençoit à
vouloir parler: ils virent paroiftre la Reine à
l'autre bout, qui ayant fçeu l'arriuée d'Alcidalis,
venoit pour le reçeuoir. L'allée n'eftoit pas fi
longue, que d'vn bout à l'autre on ne put voir
diftinctement tout ce qui s'y faifoit. Alcidalis
fe leua le plus promptement qu'il pût, & Zelide troublée extremement de cette rencontre, luy
dit, Monfieur il vous couftera bien cher d'auoir
fait vne humilité que vous ne deuiez pas, & voi-
cy vn commencement pour voir bien-toft reüffir
mes propheties. Madame, refpondit Alcidalis, ie
ne puis rien craindre puifque vous eftes pour moy,
& nous ferons plus forts que tout le refte du monde, tant que nous ferons enfemble. C'eft pour

cela, repliqua-t'elle, Monfieur, que l'on trouuera
bien-toft le moyen de nous feparer. Ils difoient
tout cela auec l'action dont on à accouftumé de
dire les chofes indifferentes, & tenant toufiours
la veuë attachée fur la troupe, qui venoit deuant eux. La Reyne eftoit defia fort auancée, &
comme Alcidalis fut prés d'elle, elle le reçeut auec
vn vifage fi ouuert & fi riant, que Zelide ne luy
eut pas pû faire meilleur. Apres que les premiers
complimens furent acheuez; & que le Prince eut
dit, que la chaffe l'ayant amené iufqu'à fept ou
huit lieuës de fa maifon, il auoit creu eftre obligé de luy venir baifer les mains. La Reine té-
moigna de fçauoir beaucoup de gré à la Fortune,
de l'auoir conduit chez-elle. Mais Monfieur, ce
dit-elle, ie croy que vous eftes defia payé de la
peine que vous auez prife en cela; car il eft à croire
que la grace que Zelide vous a accordée à cette heure, n'eft pas mediocre, puifque vous auez efté obligé pour l'en remercier de vous mettre à genoux
deuant elle; comme nous auons veu. Et certes au
commencement cela a fait que ie vous ay méconn-
nu, & que i'ay crû que c'eftoit vn des voftres. Mais
ie fuis bien-aife que ce ne foit pas vn autre que vous
qui ait eû ce contentement; dittes nous, ie vous
prie, quel il eft ? & ce qu'elle vous a promis ou donné ? afin que i'y prenne part, ou que ie l'en remercie
auec vous. Zelide ne rougit point, pour ce que depuis le difcours qu'elle auoit eû auec Alcidalis,

elle n'auoit point defrougi. Et craignant qu'il ne
fe pût pas bien démefler de ce difcours, comme
dans ces furprifes les efprits des femmes font plus
prompts, elle s'auança de refpondre pour luy, &
dit. Ie demandois, Madame, à Alcidalis des nouuelles de Saragoce, & luy qui deuoit fonger fans
doute à fa Chaffe, ne m'a pas refpondu; & luy
ayant reproché fa refuerie & fon filence, il a mis
vn genoüil en terre pour me fatisfaire; & a creu
auec vne ciuilité déreglée, & hors de mefure, re-
parer le peu de conte qu'il auoit fait de me répondre. C'eſt eſtre bien ciuil, dit froidement la
Reyne, & pource que vous craigniez, continua-
t'elle, que le Prince ne réuaſt encore, vous vous
eſtes auancée de refpondre pour luy ? Zelide commençoit à fe deffaire, voyant que la Reyne la pref-
foit ſi fort; & croioit que ne pouuant plus cacher
la hayne qu'elle auoit contr'elle, elle alloit éclater,
& la tefmoigner deuant tout le monde. Mais Alcidalis voyant la peine où elle eſtoit, vint à fon
fecours, comme elle eſtoit venuë au fien, & rompit en fe mettant fur le difcours de fa Chaffe. La
ioye extreme qu'il auoit des paroles que luy auoit
dites Zelide, fit qu'il entretint tout ce iour la Reine auec vne complaifance merueilleufe, & qu'il
parla à fa fille plus foigneufement qu'il n'auoit
iamais fait. Mais ces deux ieunes perfonnes n'e-
ſtoient pas affez finès pour la tromper; elle remarqua auffi-toſt ce changement, par la gayeté
d'Alcidalis,

d'Alcidalis, & l'affiduité extraordinaire qu'il rendoit auprés de fa fille, luy fit iuger qu'il deuôit
eftre content, & affeuré de Zelide. Elle vit donc par
là qu'il n'y auoit plus de temps à perdre, & prit
dés ce iour, la refolution qui coufta depuis tant
de larmes & de peines à ces deux Amans. Prepa-
rez-vous Alcidalis, aux malheurs dont vous eftes
menacé: & prenez ce contentement que vous auez
reçeu aujourd'huy comme vne derniere main que
la Fortune vous a laiffé tirer; n'attendez plus d'a-
mitié d'elle, & contentez-vous de celle de Zelide. Le Prince partit le lendemain pour aller en
Saragoce. Et la Reine, fans la prefence de laquelle on ne pouuoit rien faire, fut contrainte d'y aller huit iours apres. Alcidalis auoit fouffert cette
abfence plus patiemment que l'autre; ayant eû
cette fois-là des penfées fi douces & fi agreables,
qu'auec elles il ne pouuoit eftre que bienheureux.
Mais comme vn beau iour, eft toufiours plus
beau que la plus belle nuit: & comme il n'y a
point de contentement parfait dans les tenebres;
il fembla que la prefence de Zelide luy r'appor-
taft vne nouuelle ioye dans l'ame, & redonnaft
vne autre force aux plaifirs, que fans elle il ne
pouuoit pas goufter bien entiers. Ils pafferent
ainfi quelques mois auec tant de repos, & vn
contentement fi extreme, & fi parfait: que de-
là feulement il eftoit aifé de iuger; qu'il ne dureroit pas long-temps; & que cette grande bo-

P

nace feroit fuiuie d'vne tempefte extraordinaire.
La fatisfaction & l'affeurance qu'auoit Alcidalis,
le faifoit viure auec plus de difcretion qu'il n'a-
uoit fait, & auec plus de crainte de déplaire à la
Reine : il feruoit fa fille auec beaucoup plus de
foin ; il parloit à Zelide moins que de couftume,
& fe contentoit de la liberté de la voir. Elle auffi
qui dés fon enfance auoit efté ferieufe, commença
à l'eftre dauantage ; à parler au Prince auec plus de
refpect, à luy donner moins d'occafion d'eftre
auprés d'elle, & à craindre dauantage que l'on
imaginaft quelque chofe de leur affection. Mais
cette difcretion, comme la plufpart de celles des
Amans, eftoit venuë trop tard. La Reyne ne fe
laiffoit pas abufer par là, & auec beaucoup de
foin, de fecret, & de diligence, donnoit ordre à
executer les deffeins qu'elle auoit proiettez. Comme ceux qui font dans vne place que l'on mine
fecrettement, ont pour l'ordinaire plus de crainte
de tous les autres perils, que de celuy qui les va
perdre ; & demeurent en repos tandis que l'on creu-
fe leur tombeau, & que l'on prepare fourdement
la ruine qui les doit accabler en vn moment.
Ainfi ces deux Amans ne fe doutans point de la
trahifon qu'on leur tramoit, eftoient dans vne
profonde tranquilité ; & fi la mauuaife volonté de
la Reyne, leur faifoit apprehender quelque infor-
tune, ils ne fe l'imaginoient, ni fi grande, ni fi
prefente, ni de la forte qu'elle deuoit arriuer. A

cette heure vont paroiſtre les infortunes de Zelide & d'Alcidalis ; icy ont leur commencement
des malheurs qui ſemblent ne deuoir iamais auoir
de fin ; & des auantures ſi eſtranges & ſi meſlées,
que s'il eſt peu croyable qu'elles ſoient arriuées,
il n'eſt pas moins difficile de croire que l'on ait
pû les inuenter, & qu'elles ne ſoient que des effects de l'imagination.

Il ſembla à la Fortune, que l'Arragon & la Catalogne, eſtoient vn trop petit Theatre, pour repreſenter la plus belle piece qu'elle ait iamais
ioüée dans le Monde. Elle en voulut prendre vn
plus ſpacieux ; & changeant tout à coup la face de
celuy qui a paru, au lieu qu'elle ne nous y a fait
voir iuſqu'icy que Saragoce & Barcelone, des
montagnes, des préries, des chaſſes, & des pro-
menoirs : elle va faire paroiſtre à nos yeux, la Mer,
l'Europe & l'Afrique, des perſonnes inconnuës,
des Peuples qu'à peine auons nous iamais oüy nommer, des Vaiſſeaux pillez & bruſlez, des duels,
& des batailles ; & ce qui eſt de plus eſtrange en
vn meſme temps, & en vn meſme ſuiet, des fers,
& des Couronnes.

Quatre mois apres que la Reyne fut reuenuë
de Catalogne, elle prit occaſion ſur le commencement du Printemps d'y retourner, & ne l'ayant
fait ſçauoir qu'vn iour deuant ; Alcidalis & Zelide furent tellement ſurpris, qu'à peine eurent ils
le loyſir de ſe dire Adieu. Et comme le Prince

luy tefmoignoit le regret qu'il auoit de fon dé-
part, elle luy dit. Monfieur, fouuenez vous de ce
que vous me dites en Catalogne, qu'il n'y auoit
rien dans le Monde que vous puffiez craindre tant
que ie ferois pour vous. Nous aurons d'autres malheurs à fouffrir plus grands que celuy-cy ; mais dans
tous vos maux, fouuenez-vous toufiours, que vous
ne pouuez eftre malheureux eftant affeuré que ie
vous ayme. Vous n'en fçauriez douter puifque ie
vous le dis, & fi cela n'eft affez, reçeuez cette ba-
gue qu'en prefence des Dieux ie vous donne auec
mon Cœur. Alcidalis la prit, & apres luy en auoir
donné vn autre auec les mefmes paroles, ils fe fe-
parerent, n'ofant pas demeurer plus long-temps
enfemble. La Reyne partit le lendemain, & n'ayant
demeuré qu'vn iour chez elle, elle feignit d'auoir
reçeu des nouuelles de Barcelone, qui l obligeoient
d'y faire vn tour. Elle laiffa donc là fa fille, auec
vne partie de fon train, & emmenant Zelide auec
elle ; ils arriuerent en cette belle ville, qui non
moins pour la beauté de fon affiette, que pour la
fertilité de fa cofte, eft vne des plus celebres
d'Efpagne. Zelide s'eftoit eftonnée que la Reyne
n'ayant pas amené fa fille, elle ne l'eut pas laiffée
auprés d'elle, & auoit bien remarqué cette nouueauté, & iugé que cela fe deuoit faire pour quelque raifon: mais de quelque cofté qu'elle iettaft
la veuë, elle ne fe pouuoit rien imaginer, & ne
voyant pas quelle chofe elle auoit particulierement

à craindre, elle les craignoit toutes. La Reyne ayant employé le reste du iour, qu'elle estoit arriuée, à voir les magnificences que l'on fit à sa reception, donna le iour suiuant aux affaires que l'on croyoit qui l'auoient amenée.

Le lendemain comme on luy dit à son leuer qu'vn vaisseau qui portoit son nom, & qu'elle auoit fait faire il n'y auoit que six mois, estoit entré cette nuit là mesme dans le port; elle dit qu'elle vouloit l'aller voir à l'heure mesme. Il y a d'ordinaire cent vaisseaux dans le port de Barcelone, qui dés que la Reyne parut, firent vne salue de toute leur artillerie; de sorte que d'abord on ne vit que du feu, & de la fumée, dont les vaisseaux entourez comme d'vne nuée épaisse ne pouuoient estre apperçeus. Mais il se firent bien tost entendre, non seulement par la bouche de plusieurs canons, mais encore par vne infinité de trompettes, de fiffres & de hautbois; & la fumée peu à peu venant à se dissiper, on vit paroistre vne infinité de mats, de voiles, de cordages, de banderolles, & toute cette pompe de la Mer, qui est si agreable à voir lors que l'on ne la voit que du Riuage. Ces festes, & ces magnificences, & la veuë de cet Element, qui pour la premiere fois arreste auec quelque admiration les yeux & l'esprit de tous ceux qui le voyent; ne pouuoient diuertir Zelide. Le cœur luy disoit que les malheurs qu'elle auoit preueus de si loin, com-

mençoient à la talonner; & de toutes parts elle
craignoit des embufches. La Reyne eftant fur le
bord de la Mer, fe mit dans vn efquif, pour voir
le vaiffeau dans lequel elle difoit qu'elle vouloit
entrer; & ayant dit à Zelide qu'elle la fuiuit, &
ne menant que trois autres perfonnes auec elle,
elle deffendit à tous les autres de la fuiure. Elle
trouua dans le vaiffeau le Capitaine & fa femme,
qui s'eftoient preparez en quelque forte pour la
reçeuoir. Et apres auoir veu legerement le vaiffeau, elle s'enferma auec eux feuls dans la chambre de poupe. Cela augmenta les foubçons de
Zelide, & ayant les larmes aux yeux elle les tourna vers la terre d'Efpagne; & commença à douter
fi elle y retourneroit iamais. Apres vne heure de
temps, le Capitaine & fa femme fortirent, & di-
rent à Zelide que la Reyne la demandoit. Tout
le fang à cette heure là, fe glaça dans fes veines;
& elle la fut trouuer fi tremblante, fi pafle, & fi
deffaite, qu'elle euft fait pitié à toute autre, tant
elle eftoit méconnoiffable. La Reyne apres auoir
dit qu'elle fermaft la porte, luy parla ainfi.

Quoy qu'il y ait long-temps, Zelide, que nous
perdifmes enfemble, vous la meilleure mere du
monde, & moy la meilleure amie. L'affection que
i'auois pour elle ne fe perdra iamais en moy, ni
la memoire des dernieres paroles, auec lefquelles
elle me pria d'auoir toufiours grand foin de vous.
Quand cette confideration ne m'y engageroit pas,

voftre beauté, voftre efprit, & voftre fageffe m'y
auroient obligée. Et vous ayant nourrie fi long-
temps, & ayant trouué en vous, encore auec plus
d'éclat, toutes les qualitez qui luy firent gagner
mon affection. Ie ne ferois pas raifonnable, fi
ie n'en auois pour vous, autant que pour elle. Auffi
puis-je dire qu'en cela i'ay fait plus qu'elle ne
m'auoit demandé, elle me pria que ie vous aymaf-
fe comme fa fille, & ie vous ay toufiours aymée
comme la mienne. Celle que le Ciel m'a donnée
feule au monde, perdift le tiltre d'vnique dés le
iour que vous vinftes auec moy; i'ay eu la mefme
affection & la mefme tendreffe, pour vous que
pour elle, & ie vous ay toufiours confiderées l'vne
& l'autre comme eftant également toutes deux à
moy. Cela eftant & pas vne de vos actions, ni
de toutes les chofes qui vous regardent, ne m'ayant
efté indifferentes; vous pouuez croire qu'il eft difficile, que ie n'aye point eu quelque connoiffance, de la paffion que voftre beauté (fans voftre
confentement) a fait naiftre dans l'efprit d'Alcidalis; & qu'auffi bien que vous ie n'aye efté beaucoup de fois en peine, du tort que cela vous pouuoit faire. Vous fçauez qu'elle affeurance il y a
aux paroles des perfonnes de fon âge, & de fa
condition, qui ont également le priuilege de tromper, & de fe dédire. Et ie vous fais iuge s'il eft
poffible que l'affection qu'il a pour vous, vous foit
iamais auantageufe. Vous voyez auffi-bien que

moy toutes les raisons qui ne le permettent pas,
vous estes assez habile pour ne l'auoir point espe-
ré; & quand il seroit en son pouuoir & au vostre,
vous estes assez iuste, & assez reconnoissante pour
ne le pas desirer. Ie connois vostre vertu, Zelide, & ie sçay qu'il n'y a rien au Monde qui luy
puisse faire courre de hazard; mais quelque grande qu'elle soit, vous ne pouuiez oster au Prince
les occasions de vous voir, ni aux autres de parler
de vous. Tout ce que vostre vertu pouuoit en cela, c'estoit d'empescher le mal, mais elle ne pouuoit empescher le bruit; & ie sçay de quel preiudice est ce bruit aux personnes de vostre sexe, &
particulierement quel déplaisir cela donne à celles
qui sont aussi sages, & aussi glorieuses que vous.
I'ay donc creu que c'estoit à moy à vous tirer de
cette peine, & qu'il estoit temps d'accomplir les
promesses que i'auois faites à vostre mere. Le
Duc de Tarente est vn Prince sage, vertueux, &
habile, estimé de tous ses voisins, & vn des grands
Seigneurs d'Italie. Celuy-là par ses lettres & par
ses Ambassadeurs me tesmoigne il y a long-temps
vne grande passion pour vous; & ie ne vous en
ay point voulu donner la connoissance, que la
chose ne fust asseurée, & en estat d'executer. Auiourd'huy i'apprens qu'il vous attend, Zelide, pour
vous donner la possession de ses Estats & de sa personne. Il n'y a que quinze iours, que celuy qui
commande ce vaisseau la laissé, & luy a promis de
ma

ma part de vous mener dans autant de temps, au
lieu où il vous doit reçeuoir. La diligence & le
fecret (pour des raifons que ie ne vous puis dire
encore) font fi importans en cette affaire qu'il eft
neceffaire que vous partiez à ce moment, & que
ie n'ay pû vous en donner pluftoft auis, ni vous
enuoyer auec plus de train. Ie ne doute point
que voftre bon naturel, ne vous donne à cette
heure quelque reffentiment de nous quitter. Mais
quoy que nous foyons feparez de la Mer, nos
affections n'en feront pas moins vnies, & i'efpere que vous nous viendrez voir vn iour en Efpagne, auec plus de magnificence & de gayeté que
vous n'en fortez. Enfin vous deuez eftre bien-
aife de retourner en vn pays, où vous retrouue-
rez vos biens, vos parens, & le lieu de voftre naiffance. Mais quand ce ne feroit pas voftre volonté, c'eft affez de vous dire que c'eft la mienne;
outre le pouuoir que ma qualité me donne fur
vous, i'ay encore pour voftre regard celle de mere, qui me donne plus d'authorité. Confentez
donc, & vous accordez volontairement à vne chofe, qui outre qu'elle eft iufte eft pareillement neceffaire : & en obeïffant volontiers à ce que ie
vous confeille, & ce que ie vous commande tout
enfemble, faites paroiftre la modeftie que vous
vous deuez à vous; & le refpect que vous me deuez à moy. En acheuant ces paroles elle l'embraf-
fa, & feignant de ne vouloir pas faire vn plus

Q

long Adieu, de peur de s'attendrir, & de s'affli-
ger trop, elle fortit en mefme temps de la chambre.

La trifteffe, le depit, la honte, la colere, &
l'excés de fon malheur, accablerent tellement l'ame
de Zelide, que fans pouuoir dire vne parole, ny
faire vn pas, elle demeura en l'eftat, où la Reine l'auoit laiffée; & ce fut certes le meilleur où
elle fe trouua, de long-temps apres, puifqu'il eft
vray qu'à ce premier choc elle ne fentit rien. Toutes nos puiffances font fi foibles & fi limitées, que
nous ne fommes capables que des chofes mediocres; & comme vne grande lumiere nous aueu-
gle, & qu'vn grand bruit nous affourdit, les grandes douleurs, non plus que les grandes ioyes, ne
fe fentent point. Apres auoir efté ainfi fans mouuement l'efpace d'vn quart d'heure, comme enfin
fes efprits accablés d'abord fous vne fi foudaine
ruine de toutes chofes commençerent à reuenir,
& qu'elle iugea qu'il n'y auroit iamais de remede
à fon mal, fi elle n'en trouuoit en cét inftant.
Elle fortit de la chambre, dans le deffein de s'aller ietter aux pieds de la Reyne, & voir s'il n'y
auoit point quelque efperance de flechir fon efprit.
Mais comme on luy eut dit qu'il y auoit long-
temps qu'elle n'y eftoit plus, & qu'elle eut veû
que le vaiffeau eftoit defia fi auant en mer, qu'à
peine on voyoit paroiftre les pointes des Tours
de Barcelonne. Alors elle ietta fa veuë de ce co-

fté-là, & fa penfée fur ce qu'elle y laiffoit; & ayant ainfi refué quelque temps, tout à coup elle prit vne refolution qui fembla l'auoir mife en repos. Puis fe tournant auec vn vifage plus ferein, vers ceux qui l'accompagnoient, elle leur dit quelques paroles; & tefmoignant d'auoir reçeu les confolations qu'ils luy donnoient elle s'alla mettre au lit, & les pria qu'on la laiffaft repofer. Miferable Alcidalis, tu contes à préfent tous les momens qui paffent, & quand tu fonges que de huit iours tu ne verras Zelide, ce terme te paroift infini; cependant elle s'efloigne de toy pour plufieurs années. Dans peu de iours la Mer fera entre toy & elle, le vent emporte toute ta ioye, & toutes tes efperances: & va mettre au pouuoir d'vn autre le feul bien que tu defires au monde, & le feul qui y foit digne de toy. La crainte & l'efperance font deux vents de noftre ame, qui ne ceffent quafi iamais, & il n'y a guéres de tempeftes en elles, quand l'vn des deux ne l'agite pas. Le préfent n'eftant iamais qu'vn point, ne nous feroit quafi pas confiderable, fi l'vne ou l'autre de ces deux paffions ne nous faifoit encore fentir l'auenir. Zelide creut que la Fortune l'auoit mife dans vn eftat, où il n'eftoit plus en fa puiffance de la fecourir ni de luy nuire. Ainfi elle eftoit dans cette funefte tranquilité où font ceux qui ne craignent & n'efperent plus rien, & qui s'attendent de finir leurs maux en acheuant leur

vie. Et parmy tant d'infortunes elle n'auoit pas
au moins le trauail de chercher des remedes, qui
eſt vne des plus grands peines des malheureux.
Eſtant bien reſoluë de ce qu'elle auoit à faire, &
ſçachant à peu prés le temps, que pouuoient encore durer ſes malheurs, elle paſſa la nuit à penſer au ſentiment qu'auroit Alcidalis, & de quelle ſorte il viuroit apres ſa perte. Et quoy qu'elle
eut vn extréme regret de ſe ſeparer de luy, au milieu de tous ſes maux, elle eſtoit flattée de quelque plaiſir, quand elle ſongeoit à l'inſigne preuue qu'elle luy alloit donner de ſon affection & de
ſon courage. Le Capitaine du vaiſſeau & ſa femme, outre qu'ils aymoient & honoroient Zelide
pour l'auoir veuë à la Cour, en auoient encore
plus de ſoin à cauſe qu'elle eſtoit ſous leur conduite. Dés qu'ils creurent qu'elle eſtoit éueillée,
ils entrerent dans ſa chambre, & luy ayant demandé ſi elle ne vouloit pas manger, elle leur ré-
pondit, que non ſeulement elle ne mangeroit
point, mais qu'elle ne mangeroit plus. Ils demeurerent fort eſtonnez de cette réſponſe, & iugerent, qu'elle eſtoit retombée dans la triſteſſe du
iour precedent ; & qu'il luy falloit donner du
temps pour la paſſer. Mais au bout de quelques
heures voyant qu'elle n'appelloit perſonne, ils
retournerent, & employerent toutes ſortes de paroles & de prieres pour luy perſuader de manger.
A tout cela elle ne reſpondit qu'auec vn ſilence

opiniaſtre, & vne mine ſi froide & ſi reſoluë, qu'il ne ſembloit pas ſeulement qu'elle les oüit. Ils ſortirent donc pour la ſeconde fois, extréme-ment affligez, & commencerent de craindre quel-que fin tragique de cette eſtrange reſolution. La nuit venuë, ils retournerent, & auec vne niepce qu'ils auoient de l'âge de Zelide, ils ſe mirent à genoux à l'entour de ſon lit; la coniurerent par toutes choſes, & la prierent d'auoir ſoin de ſa vie auec autant de larmes que ſi c'euſt eſté la leur, qu'ils luy euſſent demandée. Ils ne purent pour-tant auoir de reſponſe, & ſe retirerent enfin pour ne luy point oſter le repos, qui ſembloit eſtre le ſeul bien qui luy eſtoit demeuré. Trois iours ſe paſſerent ſans que prieres, larmes, remonſtran-ces, peuſſent eſmouuoir le cœur de Zelide, ny l'obliger ſeulement à dire vne parole. Enfin le quatrieſme iour ces bonnes gens auec leur niep-ce furent pour faire vn dernier effort, & s'eſtans mis à genoux à l'entour d'elle, fondans en lar-mes, & luy offrant toutes choſes, la coniurerent d'auoir pitié d'elle & d'eux auſſi. Zelide apres auoir eſcouté long-temps leur plainte, fit vn ſou-pir; & auec beaucoup de peine ſe mit en ſon ſeant. Alors s'eſtant mieux monſtrée à eux, ils connu-rent dauantage l'extremité où elle eſtoit : dans le plus beau viſage du monde, ils virent vne image affreuſe du deſeſpoir & de la mort prochaine, & quelque choſe qui faiſoit peur & pitié tout enſéble.

Apres les auoir regardez quelque temps les vns &
les autres, enfin elle rompit le silence, qu'elle
auoit gardé si long-temps, & elle leur parla ainsi.

Mes Amis vous me demandez vne chose qu'il
n'y a que vous qui me puissiez donner, vous me
priez que ie viue, ie vous demande la mesme chose; & cela est en vostre puissance, & non pas en
la mienne. I'ay resolu de n'arriuer iamais viue en
la terre d'Italie, & ie le iure encore aux Dieux de
la haut, par le feu & par la lumiere; & à ceux
d'embas, par les ombres de mes Peres. Il n'est
donc plus en moy d'en disposer autrement : &
puisque vous pouuez m'y mener, ou ne m'y mener pas, il est en vous que ie viue, ou que ie meure,
me refuserez vous à present ce que vous m'auez
demandé auec tant de larmes ? & serez vous mes
meurtriers, vous qui auez esté choisis pour mes
conducteurs ? Le Duc de Tarente m'attend, &
ne m'a iamais veuë, vous auez icy vostre niepce
qui est de mon âge, de ma taille, & à peu pres
de mon visage : vous la pouuez mettre en ma place, & luy procurer ce bonheur en me sauuant à
mon esgard du plus grand malheur du monde.
Il est vray que vous en supposerez au Duc vne
autre que celle que l'on luy a promise. Mais quand
vous m'y pourriez conduire, en l'estat où ie suis,
seroit-ce Zelide que vous luy meneriez ? & celle
que ie vous conseille de luy donner, ne ressemble-
t'elle pas plus à celle que i'estois, que ie ne fais à

cette heure moy-mesme? Le Duc ne sera t'il pas
plus heureux d'auoir vne femme qui sera contente, & qui le souhaitte, qu'vne qui a deliberé long-
temps, lequel elle auoit à choisir de la mort ou
de luy? & qui a enfin preferé la mort à sa personne. Mais ce n'est pas la mienne qu'il ayme, puis
qu'elle luy est tout à fait inconnuë; c'est la Du-
ché d'Otrante, & les Comtez de Suzole & de Tenare qu'il desire. Et ie les donne dés cette heure
à vostre niepce, auec le nom de Zelide : & prens
à tesmoins ces mesmes Dieux que ie viens de iu-
rer, que par moy personne n'en aura connoissance, & que ie ne m'en repentiray iamais. La Reine vous a commandé, ie l'auouë, de me conduire où il m'attend; mais n'estes vous pas plus obligez de suiure sa volonté que ses paroles, & ne
croyez vous pas que si elle estoit icy à cette heure,
& qu'elle vit le peril où ie suis, qu'elle n'aymast
pas mieux me voir sauue en quelque lieu que ce
fust, que de m'enuoyer morte en Italie ? Vous a-
t'elle commandé de me mettre morte ou viue entre les mains du Duc de Tarente? ne pensez vous
pas que c'est pour mon bien & mon auancement
qu'elle a creu faire ce mariage? & que celle qui a
eu le soin de ma Fortune, auroit soin de ma vie?
Quelque iour quand toute la Terre luy reproche-
ra cette cruauté ne pourra-t'elle pas dire iuste-
ment qu'elle n'en est pas coupable, que ne luy
ayant point fait connoistre ma volonté, elle ne

croyoit pas me contraindre en cela, ni que ie me
deuſſe porter à cette extremité ; & n'aura-t'elle
pas raiſon de remettre toute la faute ſur vous?
Mais qui vous oblige ſi vous ne voulez de retourner à Barcelonne, & de luy rendre compte de ce
que vous aurez fait? ayant à vous ce vaiſſeau vous
pouuez aller par tout où vont les vents, & vous
auez à choiſir de toute la Terre. Alors tirant de
deſſous ſon cheuet vn petit coffre que la Reyne
luy auoit laiſſé, où eſtoient toutes les piereries de
ſa mere, & quelques autres dont elle luy auoit
fait preſent, elle leur dit. Les pierreries qui
ſont dans ce coffre, d'vn prix infini, valent mieux
que tout ce que i'ay en Italie, & la Reyne ne vous
ſçauroit donner d'auantage, ſi elle ne vous fait
preſent de Barcelonne. Ie vous les donne toutes pour la rançon de ma vie, & de ma liberté,
& d'autant que ces deux choſes paſſent en valeur,
ce que ie vous preſente, & que la liberté ſeule
vaut mieux que toutes les richeſſes du monde.
Vous m'aurez donné beaucoup plus que ie ne vous
donne, & ie croiray vous eſtre redeuable. Auec
cecy vous trouuerez par tout des amis, des parens, & vne patrie : beaucoup de gens ſeroient
tentez d'oſter la vie à Zelide, pour auoir ce que
ie vous offre pour la luy ſauuer ; & ie vous in-
cite à faire vne bonne action, par vn prix capable d'en gagner d'autres à en faire vne mauuaiſe.
Que ſi vous eſtes touchez du ſcrupule de deſo-
beïr

beïr à la Reyne; n'aurez vous pas plus d'horreur
de faire mourir vne innocente? vous resoudrez
vous pluftoft à tuër vne de ses amies, qu'à rompre
vn de ses commandemens? ne craindrez vous pas
autant d'irriter les Dieux, que d'offencer les hommes en la personne d'vne femme? Et si la peur
de sa haine ou de sa vengeance vous retient, ne
deuez vous pas considerer, qu'il y aura bien toft en
Arragon quelqu'vn plus puissant qu'elle, qui vous
cherchera par tout le Monde, & vous fera rendre
compte de ma personne & de ma vie? Mais apres
tout quand toutes ces raisons ne seroient point:
ie vous coniure par l'amitié que vous m'auez toû-
jours portée, par la pitié que vous auiez tantoft
de moy, & par ces larmes que vous repandiez à
cette heure, de me tirer de la peine où ie suis; &
vous y resoluant promptement me tesmoigner que
c'eft pour l'amour de moy, pluftoft que pour voftre consideration, que vous le faites. Mais si
mes raisons, mes prieres, & mes offres ne vous
peuuent toucher, & si ie ne vous puis persuader,
à faire vne action qui est iufte, seure, & vtile tout
ensemble, ie m'en vais fermer la bouche pour ne
l'ouurir iamais, & malgré vous la mort me donnera dans vn iour la liberté que vous m'auez re-
fufée. En acheuant ce difcours Zelide ouurit son
coffre où eftoient tous ses trefors, & les fit bril-
ler à leurs yeux. Ce ne fut pas à la verité vn des plus
foibles moyens dont elle se feruit pour les per-

R

fuader : Ils eftoient touchez de ce qu'ils venoient
d'ouïr, mais ils l'eftoient encore dauantage de ce
qu'ils voyoient, & il eftoit difficile qu'ils refiftaf-
fent à la fois à tant de violences.

Le Capitaine eftoit homme fort foldat, & de
beaucoup de cœur; qui auoit paffé la moitié de fa vie
fur la mer, & qui y auoit couru beaucoup de fortunes fans y en pouuoir faire. Il creut à cette heure-
là qu'elle le vouloit payer tout à la fois, & eftoit
eftoné de voir en vn fi petit efpace, plus de richeffes
qu'il n'en auoit veu en toutes les Indes. Auffi-toft il
fupputa combien on pouuoit faire de vaiffeaux,
& combien on en pouuoit armer, auec vne partie
de ce qu'il voyoit; en fuite de cela, toutes les raifons de Zelide luy parurent bonnes; il luy fembla que la generofité l'obligeoit à fecourir vne
Princeffe fi aymable & fi iniuftement affligée, &
iugea de plus que s'il la pouuoit mener en vn lieu
d'où il la pût rendre vn iour à Alcidalis, qu'il retourneroit en Efpagne auec plus de faueur qu'il
n'en auoit iamais eû, & auoit lieu d'efperer vne
auffi grande recompenfe à l'auenir, que celle qu'il
voyoit prefente. Apres auoir efcouté attentiue-
ment Zelide, il fut long-temps fans parler, &
refolu de ce qu'il auoit à faire, il ne fongeoit plus
qu'à ce qu'il auoit à dire, & de quelle façon il ré-
pondroit. Elle croyant qu'il doutaft de la refolution qu'il auoit à prendre, adioufta tant de prieres & de promeffes à ce qu'elle auoit dit, & le

sçeut presser de telle sorte; qu'enfin tesmoignant de se rendre à ses raisons & à la pitié, il iura par les sermens les plus solennels entr'eux, de faire tout ce qu'elle luy auoit demandé: & elle iura reciproquement de se retirer dans tel Temple de Vierges qu'il la voudroit mettre, & de n'en sortir iamais que par sa volonté. Zelide qui iusques là dans le fort de ses maux & de son desespoir, n'auoit pas ietté vne larme, se sentit alors attendrir de ioye, & de pitié qu'elle eut d'elle-mesme, songeant au malheur où elle s'estoit veuë; & commença à pleurer abondamment, comme les miserables ont accoustumé de faire, lors que dans leur tristesse ils voyent luire quelque sorte d'esperance. Zelide ne songeoit pas tant qu'on l'auoit arrachée, par maniere de dire, des bras d'Alcidalis; comme elle songeoit qu'elle se venoit de sauuer de tomber entre ceux du Duc de Tarente. Auec cette ioye elle reprit en moins de rien ses forces, & restablit sa santé en autant de iours, qu'elle l'auoit perduë. Ils demeurerent pourtant d'accord qu'elle ne se monstreroit point, de peur que sa beauté ne la décelast, & que cependant on feroit tousiours entendre qu'elle estoit malade. Durant tout ce temps Erminie fut enfermée dans sa chambre à qui on donnoit tous les iours des leçons pour representer le personnage de Zelide. Enfin comme elle fut bien instruite, & qu'ils approchoient de la coste d'Italie, on la laissa voir aux

Principaux de ceux qui eſtoient ſur les Galeres, &
elle repeta deuant eux, ce qu'elle auoit à iouër
apres ſur vn plus celebre Theatre. Quoy que Zelide vit toutes choſes bien diſpoſées, & l'extreme
paſſion que ſes conducteurs auoient de faire reüſ-
ſir ſon deſſein ; elle ſe ſentit neantmoins glacer le
cœur quand elle vit la Terre, & elle auoit vne
extreme impatience qu'Erminie fut entre les mains
du Duc, afin de ſe voir bien-toſt loin de-là.
Pour ne point expoſer cependant la fauſſe Zelide
aux yeux de tant de peuple qui l'attendoit ſur le
riuage, en la deſembarquant, ſous pretexte de ſon
indiſpoſition, on la fit mettre dedans vne chaiſe
fermée, dans laquelle elle fut portée iuſqu'au
Palais. Et ſous le meſme pretexte on l'auoit con-
ſeillée qu'elle éuitaſt au commençement d'eſtre
veuë de beaucoup de gens, & de garder le lit
iuſqu'a ce qu'elle euſt aſſeuré ſon action, & ſon
viſage, & qu'elle ſe fut bien accouſtumée à eſtre
Ducheſſe. Ainſi elle ne ſe laiſſa bien voir à perſonne qu'au Duc, qui bien qu'il ne trouua pas en
elle, cette grande beauté qui auoit fait tant de
bruit ; ne laiſſa pas d'en eſtre content, & attribua
ce deffaut à ſa maladie, & au trauail de la Mer :
ou meſme à la tromperie de la Renommée. Cependant le Capitaine & ſa femme apres auoir receu de grands preſens, prirent congé du Duc, &
ſe mirent en Mer, s'excuſans ſur ce qu'ils diſoient
qu'ils ſe vouloient haſter, pour aller donner à la

Reyne les nouuelles de l'heureux voyage de la Ducheffe. Zelide eftoit demeurée feule dans le vaiffeau tandis qu'on la marioit, & que toute la
Cour penfoit à la bien receuoir. Mais quand elle
vit le Capitaine & fa femme de retour, qu'elle
vit hauffer les voiles, & qu'elle fe fentit efloigner
de ce funefte riuage qu'elle auoit tant apprehen-
dé; elle eut vne telle ioye qu'il ne s'en fallut gueres que le plaifir de fortir d'Italie ne payaft toute
la triftffe qu'elle auoit euë en abandonnant l'Efpagne. Mais que fert d'échapper d'vn malheur à
vne perfonne malheureufe? & qu'elle affeurance y
a t'il nulle part pour ceux que la Fortune veut
pourfuiure? Toute la Terre fans doute eft de fon
Empire, mais la Mer particulièrement femble
eftre fon domaine. C'eft là qu'elle eft le plus à
craindre, qu'elle fait fes plus grands miracles, &
fes plus grandes perfidies. Cependant comme s'il
n'y auoit plus de malheurs à craindre; Zelide remercie les Dieux, & eftant fur l'Element le plus
infidelle de tous, dans vn foible vaiffeau, & auec des
gens de qui elle ne pouuoit rien attendre, n'ayant
plus rien à leur donner; elle eft dans la mefme
affeurance que fi elle euft efté en terre, dans vn
Palais & auec fes Amis. Ils tenoient la route de
Sardaigne, où le Capitaine auoit fait deffein de
mener la ieune Princeffe Zelide, & de la donner
en garde à vne fienne fœur, iufqu'à ce qu'il eût
trouué le temps & le moyen de la mettre au pou-

R iij

uoir d'Alcidalis, & en cette route auoient cheminé trois iours entiers auec vn vent fauorable.
Quand fur le foir deux heures deuant que le Soleil
fe couchaft, celuy qui faifoit le guet au haut du
maft, cria qu'il voyoit trois voiles en Mer.

Il n'y a point de lieu, où on viue auec tant
de deffiance que fur cét Element : L'eau, la terre,
l'air, & le feu, font ennemis de ceux qui nauigent,
mais les hommes le font encore dauantage ; &
entre tant de dangers, il n'y a rien qu'vn vaiffeau
craigne tant que la rencontre d'vn autre. Cela
refueilla tout le monde, le Capitaine & les matelots accourus fur le tillac, porterent la veuë du
cofté que l'on difoit que paroiffoient les voiles,
& au bout de quelque temps ils en virent les
pointes qui fembloient eftre à fix lieuës d'eux ; au
bout d'vne heure ils les virent plus diftinctement,
& connurent que c'eftoit trois voiles baftardes qui
tafchoient à leur gagner le vent. Ceux de noftre vaiffeau n'auoient pour lors que deux voiles
tenduës, pour ce qu'ils auoient vn peu trop de vent :
Mais à l'inftant elles furent toutes defployées, &
on n'entendit plus à autre chofe qu'à faire toute
la diligence poffible.

La nuit vint cependant, qui bien qu'elle fut fort
noire, & la Mer fort groffe, on n'abbatit pas vne
des voiles. Il fouffloit alors vn vent qui portoit
le vaiffeau d'vne viteffe incroyable, de forte qu'il
faifoit plus de dix milles par heure. Mais le mal-

heur eſtoit que ceux qu'ils fuyoient auoient le
meſme auantage. Ils paſſerent toute cette nuit
auec beaucoup de crainte & de ſoin pour tant de
dangers qui les entouroient. Mais le matin eſtant
venu ils virent, apres que l'air ſe fut éclaircy, que
ceux qui eſtoient derriere eux le ſoir, eſtoient
alors à coſté, eſloignez d'eux ſeulement de cinq
ou ſix milles. Alors, & ſuiuant le chemin qu'ils
auoient gagné ſur eux durant la nuit, ils iugerent
que deuant la moitié du iour, ils ſeroient à la
portée du canon. Dés-lors l'eſtonnement ſaiſit
tous ceux qui eſtoient dans le vaiſſeau, les plus
timides ſe mirent aux cris & aux larmes, les plus
reſolus prirent les armes, & les plus ſages iugerent que l'vn & l'autre ſeroit également inutile.
Quoy que le Capitaine eut aſſez d'experience pour
iuger qu'il ne ſe pouuoit deffendre, neaumoins
le regret de perdre tant de biens, & de voir que
la Fortune luy alloit arracher des mains ce qu'elle venoit de luy donner, le mettoient au deſeſpoir; & le firent reſoudre de mourir pluſtoſt que
de ſe rendre. Parmy cette alarme & cette confu-
ſion de tous, Zelide ſeule n'eſtoit point eſtonnée;
& tandis que les autres craignoient pour leurs
biens, leur vie & leur liberté, elle à qui toutes ces
choſes eſtoient indifferentes, ſongeoit à garder
ce qu'elle eſtimoit plus que tout cela. Apres auoir
regardé d'vn eſprit ferme & arreſté le peril où elle
eſtoit, & les remedes qu'il pouuoit y auoir, elle

s'enferma dans sa chambre auec la femme du Capitaine. La premiere chose qu'elle fit, ce fut de prendre d'entre ses mains, le coffre où estoient ses bagues & pierreries, & le ietta dans la mer: sçachant que s'il estoit trouué, il la feroit infailliblement connoistre. Apres cela elle la pria de luy couper les cheueux, & en suite ayant les larmes aux yeux de voir ce que la Fortune la contraignoit de faire, elle fit qu'elle luy apporta vn des habillemens de son mary, donc elle se vestit. Cependant les trois vaisseaux qu'ils auoient connus estre de la coste d'Affrique s'approchoient d'eux auec vne merueilleuse vitesse, & estant à la portée du canon ils dechargerent vne de leurs pieces, pour voir si ceux de nostre vaisseau baisseroient leurs voiles. Mais ayant veu qu'ils n'en faisoient rien, & iugé à leur contenance qu'ils pretendoient se deffendre, ils s'en approcherent dauantage, & comme ils en furent à deux cens pas, ils mirent le feu en mesme temps à toutes leurs pieces. Les nostres en mesme instant firent le mesme, mais auec vn bien different succés, car n'ayant fait aucun dommage aux Ennemis, leur mast auec deux de leurs voiles furent mis en pieces; le vaisseau percé en plusieurs endroits; & beaucoup de leurs soldats emportez. A ce bruit Zelide sortit de sa chambre & ayant pris la premiere arme qu'elle trouua elle se mit auec les plus resolus, où il y auoit le plus grand danger; croyant de cette sorte, ou

quelle

qu'elle mourroit pluſtoſt, où qu'elle ſe déguiſeroit
mieux. Le combat eſtoit ſi inégal qu'il ne pouuoit pas durer long-temps ; quelque reſiſtance
que fiſſent les noſtres, ils ne pûrent empeſcher
que les Corſaires n'entraſſent dans leur vaiſſeau :
où apres auoir tué dix ou douze des plus animez
& entre autres le Capitaine, tous les autres mirent
les armes bas & demanderent la vie. Le Capitaine
de ces vaiſſeaux eſtoit du Royaume de Barcha
partie d'Afrique qui confine d'vn coſté auec l'E-
gypte, & de l'autre auec la Nubie ; ces Peuples
extremement ſauuages ne ſçauent ce que c'eſt que
de commerce ; & n'ont point d'autres moyens de
communiquer auec les Eſtrangers que de les vaincre, & d'emmener tout enſemble les marchandi-
ſes & les marchans. Ce que nous appellons voler,
ils diſent que c'eſt gagner ſur les Ennemis, & apellent eſtre vaillant ce que nous apellons eſtre Cor-
ſaire. Tout ce qu'ils peuuent auoir au prix de
leur ſang, ils auroient honte de l'auoir autrement,
& prendre vne choſe par force & auec peril, eſt
la plus honneſte ſorte d'acquerir entr'eux. Celuy-
cy eſtant des plus nobles, & des plus puiſſans de
ſa nation ; eſtoit dés long-temps la terreur des
coſtes de Grece & d'Italie : habile, & vaillant extremement, pitoyable, & humain plus que ſon
pays & ſon meſtier ne le permettoient, bon &
genereux, ſans ſçauoir ce que c'eſtoit de bonté &
de generoſité. Comme aux lieux les plus froids

du Septentrion, il se trouue quelques veines
d'or, aussi fin que celuy des Indes, quoy que
non pas en si grande quantité; ainsi en toutes
sortes de climas la Nature se plaist quelquesfois à
produire des naturels riches, qu'elle instruit &
dresse elle-mesme, & à qui elle donne sans estu-
de toutes les lumieres necessaires. Comme Orcant
(c'estoit le nom du Corsaire) regardoit ses cap-
tifs, & le butin qu'il auoit fait; la beauté & la
maiesté qui brilloient dans le visage de Zelide,
luy donnerent dans les yeux, & luy ayant demandé qui elle estoit. Elle dit qu'elle estoit Espagnol
de nation, & se nommoit Zelidan nepueu du
Capitaine du vaisseau qu'il venoit de prendre,
qu'elle auoit regret de n'auoir peu le suiure, &
qu'elle l'estimoit heureux d'auoir perdu la vie,
plustost que la liberté. Elle dit cela auec vne mine qui n'estoit point de captiue, sans larmes, sans
prieres, sans soumission, comme les autres. Mais
malgré qu'elle en eut ; son visage & sa grace
prioient pour elle, & sa constance & son courage
la recommandoient assez. Ainsi Orcant estima
son orgueil, & ce qui eut attiré en vn autre la
colere, fit naistre en luy l'admiration : il l'exhor-
ta à auoir bon courage, que la seruitude où il
estoit tombé seroit si douce, qu'il y auoit beaucoup de libertez qui ne l'estoient pas dauantage :
qu'il pouuoit esperer qu'elle ne dureroit gueres,
puisqu'il auoit vn Maistre qui ne tenoit pour

ferfs que ceux qui meritoient de l'eftre. Que pour
luy il ne couroit point la mer comme marchand,
qu'il y cherchoit pluftoft de la gloire que du pro-
fit, & qu'il prenoit plus de plaifir à faire des li-
bres que des efclaues. Que pour fa part du butin
il ne vouloit que Zelidan, qu'il laiffoit le refte de
la proye à fes foldats : qu'il feroit en luy de fe ra-
chepter quand il voudroit, qu'vne feule bonne
action fuffifoit pour cela, & que fi le refte de fa
perfonne refpondoit à ce qui fe voyoit en fon vifage, il croyoit qu'il feroit bien plus long-temps
fon amy, que fon captif. Zelide qui n'attendoit
rien de femblable d'vn Barbare, & d'vn Corfaire,
fut eftonnée tout enfemble & refiouïe de ce difcours; & iugea fa captiuité beaucoup plus fup-
portable. Cependant apres auoir efuité auec tant
de peine d'eftre femme d'vn Prince qui l'aymoit,
la voila efclaue d'vn Corfaire, & elle iugeoit toutesfois cét accident beaucoup moins fafcheux que
l'autre, pour ce qu'il pouuoit auoir plus de remede. Il n'y auoit de bonheur pour elle, que
d'eftre à Alcidalis, ni de malheur que d'eftre à vn
autre, hors cela elle ne connoiffoit ni bien ni mal
dans le monde, & toutes chofes luy eftoient indifferentes. Ainfi elle qui meritoit de comman-
der à toute la Terre, fe refolut de feruir; & ce
cœur qui eftoit fi grand & fi haut, que les Cieux
ne l'eftoient pas dauantage, fe foûmit à la plus
baffe de toutes les infortunes; auec plus de patien-

ce que ne faifoient les matelots qui auoient efté
pris auec elle. Mais il eftoit impoffible que Zelide feruit long-temps : ce defordre & cette violence ne pouuoient pas durer dans la nature ; il euft
efté plus aifé de foumettre la Sphere du feu à celle des Elemens ; & il eftoit impoffible que les di-
uines qualitez qui eftoient en elle, ne fuffent pas
bien-toft connuës & admirées. Outre que le Ciel
luy auoit donné en perfection toutes les beautez
& les charmes du corps, & de l'efprit, & toutes
les graces qui font naiftre l'amour, & le refpect :
elle eftoit née fous vne fi forte conftellation
d'Empire & de commandement, qu'elle fe fut
faite obeïr par les plus fauuages animaux, & qu'elle
gagnoit d'abord l'authorité fur les ames raifon-
nables. De forte que Zelidan (car il nous faut
accouftumer de l'appeler ainfi) deuint bien-toft
maiftre de fon maiftre, les efclaues, les matelots,
& les foldats l'aymoient également, & l'honno-
roient comme leur Capitaine, & il commandoit
abfolument dans le vaiffeau où l'on l'emmenoit
prifonnier. Connoiffant la paffion qu'Orcant auoit
pour luy, il iugea combien ayfement cette amitié fe changeroit en amour s'il venoit à le reconnoiftre ; & qu'en ce cas-là fon affection, qui autrement luy pouuoit eftre de quelque fecours, feroit vne caufe inéuitable de fa perte. Il fongea
donc auec plus de foin que iamais à cacher ce
qu'il eftoit, & pour le pouuoir mieux faire, il re-

folut d'affermir fon courage contre toutes fortes
de dangers, & de s'accouftumer à toutes les chofes dont ce fexe femble n'eftre pas capable.

Ils pafferent le refte de cét Efté fans prendre terre,
qu'vne fois ou deux pour fe raffraichir d'eau, changeant fouuent de route & de deffein, fuiuant
les vents qui souffloient, & le chemin qu'ils iu-
geoient que deuoient tenir les vaiffeaux. Durant
tout ce temps, Zelidan fe fignala en toutes les oc-
cafions qui s'offrirent: on ne prit point de vaiffeaux où il n'entra le premier en pourpoint &
fans armes (car il n'auoit pas encore la force
d'en porter) il fe iettoit où le peril eftoit plus
apparent, & les plus temeraires demeuroient toû-
jours beaucoup derriere luy. Il n'y a point de caracteres comme ceux de la bonne Fortune, ni de
bouclier qui couure fi bien que le fien : ceux qu'elle
garde peuuent aller nuds au milieu des efpées,
& pour ceux à qui elle en veut, il n'y a point
d'armes à l'efpreuue dont elle ne trouue le deffaut.
Ainfi il fe rencontra en peu de temps en beaucoup de combats dont il remporta toute la gloi-
te, & l'efperance qu'Orcant auoit conçeuë de luy
deuint vne opinion confirmée, & vne eftime fo-
lidement eftablie. Il commença à l'honorer autant qu'il l'en auoit affeuré, & l'hyuer eftant venu, & ayant pris port à la premiere ville mariti-
me de Barcha, ils y laifferent leurs vaiffeaux. Il y
donna folennellement la liberté à Zelidan, & luy

confirma de nouueau fon amitié. Il le mena auffi
à la Cour auec luy, difant qu'il vouloit faire voir
au Roy fa conquefte, & le plus riche butin qu'en
toutes fes courfes de mer, la Fortune luy eût iamais donné.

Il a efté neceffaire de ne parler pas fi toft d'Alcidalis, & de le laiffer auffi long-temps que
nous auons fait ; car fa premiere douleur ne pouuoit pas fe defcrire, & à ce commencement il
eftoit impoffible de reprefenter tant de foupirs,
tant de larmes, tant de cris, de rages, & de furies.
Ayant veu la Reyne de retour fans Zelide, &
ayant efté huit iours fans pouuoir défcouurir ce
qu'elle eftoit deuenuë, il paffa tout ce temps dans
vne trifteffe & vne inquietude mortelle. Mais comme il vint à fçauoir toute l'hiftoire de fon malheur,
qu'il connut que le mal eftoit fans remede, qu'il
penfa qu'elle eftoit dans les bras d'vn autre, & que
fon imagination luy euft reprefenté en cela tout
ce qui le pouuoit tourmenter. Alors les larmes
cefferent, & le defefpoir le prit, alors il perdit
toutes fortes de refpects & de craintes, il mena-
ça hautement la Reyne, & tefmoigna tous les
reffentimens, que la derniere des offences pouuoit
faire naiftre dans le plus grand cœur du monde.
Il delibera deux iours, s'il deuoit premierement
fe venger de la Reyne, ou aller rauir Zelide d'entre les mains de celuy qui la tenoit, ou pluftoft
fe deliurer de fes malheurs par vne mort vólon-

taire. Mais enfin son corps, qui de puis quelque
temps ne se nourrisoit que de poison, succomba à tant de maux, & arresta la violence de son
esprit. Vne fiéure le prit, qui dés le premier iour
estant accompagnée de furieuses resueries, donna
à tout le monde beaucoup de crainte, & ceux qui
sçauoient la cause de son mal, creurent que cette
maladie en seroit la fin. Il se trouua en peu de
iours sans aucune force, & ce qui estoit le mieux
pour luy, sans aucune connoissance & sans iugement. Ainsi toutes les pensées, que tant de differentes passions luy auoient mises dans l'esprit,
furent arrestées, & celuy qui vouloit en vn instant passer la Mer, & sembloit vouloir courre
toute la Terre, fut aresté quatre mois dans vn
lit. La fiéure, l'amour, & la ialousie, c'est à dire
les plus grands maux du corps & de l'esprit, consumoient également Alcidalis, & chacun d'eux
estoit en luy en vn tel point, & auec tant de circonstances, qu'il n'y auoit point d'apparence que
pas vn des trois peut receuoir de remede. Mais la
Nature ne vouloit pas laisser perdre si tost vn des
plus beaux ouurages, qui fut iamais sorti de ses
mains ; & elle eut en luy tant de force & de vigueur, que contre toute sorte d'apparence & de
raison, & contre sa volonté mesme, elle luy redonna la santé. Alors ayant moins de maux, il
eut beaucoup plus de peines, & ne les pouuant
plus souffrir, sans attendre que ses forces fussent

encore bien reuenuës, & fans auoir communiqué
fon deffein à perfonne, il fortit vne nuit de Saragoce, & s'eftant mis par des chemins détournez
dans le Royaume de Valence; il s'embarqua au
premier port qu'il pût trouuer, & paffa en Italie auec quelque ombre de ioye de fonger qu'il
fortoit d'entre les mains de fes Ennemis, & qu'il
alloit fur les traces de Zelide,

La fauffe Zelide auoit eu la Fortune plus fauorable que l'autre, & fes deffeins auoient beaucoup
mieux reüffi. Elle auoit, comme nous auons dit,
vne beauté mediocre, & cette forte d'efprit qu'il
faut auoir pour eftre fine & adroite. Voyant combien l'entreprife qu'elle auoit faite eftoit dangereufe, elle tafchoit par toutes fortes de moyens à
gagner place dans le cœur de fon mary, & s'y
fortifier contre les accidens qui luy pourroient
arriuer. Il eftoit dans cét âge, où les approches
de la vieilleffe commençent à donner aux hommes
des deffiances d'eux-mefmes, & où les plus fages
ne doiuent plus efperer d'eftre aymez des femmes,
fi ce n'eft de celles que le deuoir y oblige: de forte que la beauté, la conduite, & les careffes de la
fienne le gagnerent ayfement. Comme les fleurs
ne nous font iamais fi agreables qu'au commencement du Printemps, ou fur la fin de l'Autonne;
les vnes pour leur nouueauté, & les autres pour
ce que nous penfons que nous les allons perdre.
Les plaifirs de l'amour ne nous touchent auffi en
nulle

nulle saison si sensiblement que dans la premiere
ieunesse, ou sur le declin de nostre âge. C'est vne si
grande satisfaction, & vn plaisir si rare à vn vieil-
lard d'estre aymé, qu'il n'y en a point qui sur cette opinion ne deuienne ieune, & ne r'allume ses
cendres. Mais de la mesme sorte que le Soleil
luisant loin de nous, fait les ombres plus grandes ; lors que l'amour éclaire cét âge , dont il est
naturellement éloigné, il y fait naistre de grands
ombrages. Le Duc ne se sentit pas plustost amoureux qu'il deuint ialoux; cette passion, qui est ailleurs vn effet fortuit de l'Amour, en est vn accident inseparable, en tous les hommes de ce climat.
Ils ne croyent pas qu'vn grand desir puisse estre
sans vne grande crainte, & l'Amour & la ialousie, sont là deux iumeaux qui naissent tousiours
ensemble. Soit donc que l'excés de son affection
fit cét effet, ou l'air du pays, ou l'humeur soup-
çonneuse que les années apportent, ou qu'il eust
sçeu quelque chose de la passion d'Alcidalis : sa
deffiance vint à vn tel point, qu'il n'estoit en seu-
reté que lors que la Duchesse estoit en sa presence, &
encore en cét estat il souffroit auec impatience que
d'autres yeux que les siens la regardassent. Elle
qui par vne autre raison ne craignoit rien tant
que d'estre veuë, s'accorda aisement à son humeur, & feignant de luy vouloir complaire, elle
luy dit qu'elle aymoit également tous les effets
de sa passion: que la crainte où elle estoit pour

T

elle , luy eſtoit agreable, puis que ce luy eſtoit
vne preuue de ſon amour ; qu'au reſte il ſon-
geaſt par toutes ſortes de moyens à s'aſſeurer,
& qu'il n'euſt égard à rien qu'à ſe mettre en repos. Pour elle qu'elle ſeroit touſiours aſſez contente pourueu qu'il le fut , & puis que luy ſeul luy
tenoit lieu de toutes choſes, elle croyoit les auoir
toutes quand elle l'auoit. Il reçeut ces offres auec
beaucoup de ioye , & vſa de la liberté qu'elle luy
donnoit, en luy oſtant toute la ſienne. De ſorte
que luy retranchant tous les iours quelque choſe
d'vn grand Palais qu'elle tenoit, & d'vn nombre
infini de ſes gens qui la ſeruoient; elle ſe vit
r'enfermée dans vne chambre, quelques cabinets,
& vne galerie, & reduite à ne voir plus que cinq
ou ſix femmes qui luy eſtoient neceſſaires. Comme le Duc luy donnoit des preuues de ſa ialouſie, il luy en rendóit auſſi de ſon amour; & ſe
ſatisfaiſant il s'efforçoit pareillement de la con-
tenter. Il n'y auoit rien dans l'Europe ni dans les
Indes, qu'il ne luy fit venir ; la Terre ni la Mer
ne produiſoient rien de rare qui ne fut pour elle :
tout ce qu'il y a de precieux dans le Monde, les
plus riches ouurages de la Nature, les plus accomplis chef-d'œuures de l'art paroient ſes cabinets. Elle auoit enfin la plus belle priſon qui ſe
puiſſe imaginer, ſi l'on peut dire qu'il y en ait
quelque belle, & elle voyoit tout ce qu'elle pouuoit deſirer, ſi ce n'eſtoit des hommes. Mais com-

me la plus agreable folitude a toufiours quelque
chofe de melancolique, il voulut auffi remedier
à cela. Il fit chercher par tout auec beaucoup de
foin & de defpence des efclaues, les plus forts, les
mieux faits, & les plus beaux qui fe rencontraffent.
En ayant amaffé vn grand nombre, il les fit in-
ftruire auec beaucoup de diligence, & par les meilleures Maiftres d'Italie, dans tous les exercices où les
plus nobles ont accouftumé d'exceller; ceux-cy
eftoient appellez les efclaues de la Ducheffe, &
eftoient tous veftus richement, mefme de fes couleurs. Ils n'auoient autre marque de feruitude
qu'vn cercle d'or à l'entour du col, d'où pendoit
vne chaifne de mefme auec vne medaille des armes de leur Maiftreffe. Trois fois la fepmaine,
on les faifoit entrer dans vne cour fablée, & fort
fpacieufe qui refpondoit fous les feneftres de fa
galerie, & là ils s'exerçoient les vns à la lutte, les
autres à la courfe, d'autres à piquer des cheuaux :
quelquesfois ils faifoient des courfes de bagues,
ou des combats de barriere, & fe feparans en deux
troupes entreprenoient des tournois. Le Duc auoit
inuenté cecy à deux fins, l'vne de diuertir la Ducheffe, qu'il aymoit éxtremement ; & l'autre de
luy faire mefprifer tous les hommes, en luy faifant voir en des efclaues, c'eft à dire dans les plus
viles perfonnes d'entr'eux, les mefmes qualitez
qui fe trouuent en ceux qui font les mieux nez,
& qui rendent les plus nobles recommandables.

Alcidalis en arriuant en Italie apprit d'abord
tout cela, & ayant refué quelques iours fur ce qu'il
auoit à faire, il iugea qu'il n'y auoit point de
qualité qui luy conuint fi bien que celle d'efclaue de Zelide : & que la grandeur de fa Fortune,
ayant efté caufe de tous les malheurs où il eftoit
tombé, il n'y pouuoit mieux remedier qu'en fe
mettant dans la plus baffe condition de toutes.
Il communiqua fon deffein à celuy qui l'auoit
toufiours accompagné, qui fe defguifant en Marchand fut trouuer ceux qui gouuernoient cette
troupe de gens : qui voyant en Alcidalis toutes
les qualitez qu'ils cherchoient, mirent bien-toft
à prix vne perfonne qui n'en auoit point, & auec
peu d'argent achepterent pour efclaue le fils d'vn
Roy, & l'homme le plus accomply de la terre.
D'abord il fut efcolier de ceux dont il pouuoit eftre
le Maiftre, & fe laiffa monftrer ce qu'il fçauoit beaucoup mieux qu'eux, ni que perfonne. Ainfi feignant
d'apprendre tous les iours quelque chofe des exercices qu'on luy enfeignoit ; il y fit vn tel progrez
en peu de temps, qu'il fut admiré de tout le monde, & que les Maiftres s'eftonnoient de luy auoir
monftré, beaucoup de chofes qu'ils ne fçauoient
point. Soit qu'il fallut piquer, lutter, ou fauter,
il montroit en tout tant d'adreffe, de force & de
difpofition, que cela alloit iufqu'au prodige. Il
fembloit que naturellement les cheuaux luy obeïf-
foient, & que fans aucun mouuement il leur fit en-

tendre fa volonté. Si quelques-vns le deffioient à
la lutte ou à la courfe, il iettoit fi aifement les vns
par terre, & deuançoit tellement les autres, qu'il
paroiffoit qu'il eftoit né pour eftre leur Maiftre,
& qu'ils ne deuoient iamais eftre qu'à fes pieds,
ou beaucoup derriere luy. Quand il couroit à
pied, les cheuaux eftoient plus pefans qu'il n'eftoit,
& quand il eftoit deffus, ils eftoient plus viftes
que les oyfeaux. Enfin on ne propofoit plus de
prix qui ne fut pour Alcidalis, & il n'y auoit
plus moyen de faire vne partie égale quand il en
eftoit, s'il n'eftoit tout feul d'vn cofté; & encore
de cette forte il ne laiffoit pas de vaincre. Cependant parmy toutes les loüanges qu'on luy donnoit, il fentoit beaucoup de honte en luy-mefme
de difputer auec des Efclaues, car il n'auoit pas le
cœur moins grand, que celuy qui ne vouloit courre qu'auec des Roys, mais cela eftoit neceffaire
pour fon deffein. Quoy qu'il fit toutes chofes auec
vne grace merueilleufe, c'eftoit auec fi peu d'attention & tant de mefpris, qu'il eftoit aifé à iuger qu'il fongeoit à vne plus haute victoire. Toutes les fois qu'ils entroient dans la carriere, où ils
eftoient veus de la Ducheffe, il y eftoit toufiours
le premier, & n'en fortoit qu'apres tous les autres.
Dans tous les exercices qu'il faifoit, il auoit toû-
jours les yeux & le cœur attachez à la ialoufie
par où il croyoit qu'elle regardaft; & tout ce qu'il
faifoit, & que faifoient les autres, ne l'en pou-

uoient diuertir. A quels aueuglemens les hommes font-ils fuiets? le plus fidelle de tous les amans idolaftre vne beauté qu'il n'a iamais veuë; il foûpire deuant elle, il luy enuoye fon cœur par fes regards; & ayant vne maiftreffe, qu'il ayme cent fois plus que luy-mefme, il s'eft vendu volontairement à vne autre. Alcidalis qui euft efté remarquable parmy les Princes les plus accomplis du monde, le fut aifement parmy des Efclaues. Dés le premier iour qu'il y entra fa beauté & fa grace attirerent les yeux de la Ducheffe, bien-toft apres il gaigna fon eftime & fon admiration; & l'ayant confideré dauantage, il luy fembla voir en la fierté de fon port quelque chofe d'extraordinaire, & qui n'eftoit pas de la condition où il fe trouuoit. Elle prit garde à l'attention auec laquelle il la regardoit toufiours, elle remarqua fes foûpirs, la pafleur & la trifteffe de fon vifage; & comme dans les loüanges & l'applaudiffement qu'il reçeuoit de tous coftez, rien ne le pouuoit refioüir. Tout cela donna premierement de la curiofité, de la pitié en fuite, & enfin de l'amour.

Ie vous ay toufiours ouy dire, Mademoifelle, qu'elle ne fût point touchée de cette derniere paffion, & qu'elle eut feulement la curiofité de fçauoir qui pouuoit eftre vne perfonne, qui dans vne fi baffe fortune monftroit de fi hautes qualitez. Mais vous me permettrez de ne me pas arrefter à ce que vous en dites, ie vous en ay oüy

quelquesfois excuſer de moins excuſables qu'elle,
& ie ſçay que voſtre ſcrupule peut aller iuſqu'à
craindre de ſcandaliſer vne perſonne qui ne fût
iamais. Que ſi vous conſiderez que le Duc eſtoit
vieux & ialoux, la Ducheſſe ieune & enfermée,
& ce Prince le plus beau & le plus aymable du
Monde : Vous trouuerez que ce n'eſt pas vn ſoupçon fort temeraire, de croire qu'elle en fuſt amou-
reuſe.

Enfin vn ſoir comme ce bel Eſclaue ſortoit
auec les autres du Palais du Duc, dans vn paſſa-
ge où il y auoit peu de lumiere, il ſe ſentit tiré
par vne femme qu'il ne connoiſſoit pas : & s'e-
ſtant ſeparé vn peu des autres ſans attendre qu'il
luy parlaſt, elle luy dit, Clariant (car c'eſtoit ainſi
qu'il ſe faiſoit appeller) ſi vous eſtes auſſi braue
que vous le paroiſſez, trouuez vous demain ſeul à
la ſeconde veille de la nuit, au pied de la Tour des
Grecs. Eſtant là ſi vous vous ſéruez de l'occaſion
qui ſe preſentera, vous ſerez plus heureux que
vous n'auez iamais eſperé de l'eſtre. Elle dit cela
à la haſte, & s'en alla ſans attendre de reſponſe.
On n'a iamais peu ſçauoir comment la Ducheſſe
eſtant ſi bien gardée, & veillée de tant de perſonnes, pût trouuer moyen de faire dire cela à
Alcidalis. Vous-meſme, Mademoiſelle, ne m'en
auez peu rendre raiſon ; & il me ſouuient qu'icy
Madame voſtre mere, qui ne pert iamais l'occaſion
de dire vne iolie choſe, vous loüa d'auoir man-

qué d'inuention en cét endroit de l'histoire. A
la verité il est tres-remarquable que n'en ayant
point manqué pour sauuer Alcidalis de tant d'accidens, pour conseruer Zelide tres-pure entre les
mains des Pyrates, & pour les remettre tous deux
apres tant d'erreurs dans leur Royaume : vostre
imagination se soit seulement trouuée courte en
cette occasion, & que vous n'ayez sçeu trouuer
le moyen de faire porter vne parole à vn homme.

Depuis le malheur d'Alcidalis il n'auoit encore veu luire aucun rayon de ioye qu'en ce moment, il creut d'abord que ce message venoit de
Zelide; & ayant les larmes aux yeux il remercia
le Ciel, de ce qu'il sembloit commencer à auoir
pitié de luy. Toutesfois, soit que les ames des
grands hommes voyent quelque chose dans les
tenebres de l'auenir, ou que les malheureux n'o-
sent se fier aux promesses de l'esperance, dont ils
ont esté tant de fois abusez; il n'osoit s'asseurer
de son bonheur, & commençant à esperer il commença à craindre dauantage. En cét endroit,
Mademoiselle, vn plus éloquent escriuain que
moy ne manqueroit pas de dire, que toutes les
heures luy durerent des iours, que les iours luy
sembloient des années, & que son amoureuse
impatience luy fit conter tous les momens, accuser la lenteur du temps & du Soleil, & prendre
tout le Ciel à partie; mais sans dire tout cela,
on

on imaginera ayſement l'inquietude d'Alcidalis,
par les cauſes qu'il en auoit. Le iour ou pluſtoſt la
nuit de l'aſſignation, qu'on luy auoit donnée, vint
à la fin, & deuant qu'elle euſt bien épaiſſi les ombres, il eſtoit deſia au pied de la Tour. C'eſtoit
vn vieux baſtiment que l'on croyoit auoir eſté
fait par les Grecs, & qui eſtoit attaché au Palais.
Il eſtoit battu au pied, des Ondes de la mer, dans
laquelle il entroit quelque cinquante pas. Le Prince qui auoit pourueu à toutes les choſes neceſſaires pour cela, s'y rendit dans vne barque de peſ-
cheur, laquelle il lia à quelque anneaux qui eſtoient
attachez dans le mur. Et là attendit le ſuccez que
la fortune voudroit donner à cette auenture dans
les tenebres, & le ſilence de la nuit qui n'eſtoit interrompu que du bruit de la mer. Il demeura vne
heure ſans que rien parut, agité cependant diuer-
ſement d'eſperance & de crainte; qui eſtant deux
paſſions contraires, ne laiſſent pas de ſe trouuer
ſouuent enſemble. Il ſe forma toutes les imaginations que quelque autre peut penſer : mais que
ni vous ni moy, Mademoiſelle, qui n'auons iamais aymé ne ſçaurions dire. Il s'eſtoit éleué vn
vent de terre qui enfloit les vagues ſi hautes, qu'à
peine la corde qui tenoit la barque y pouuoit re-
ſiſter; & qu'il n'attendoit que l'heure de ſe voir
détaché. Enfin comme il commençoit à deſeſpe-
rer de ſon bonheur; & qu'il eſtoit dans des penſées plus noires & plus eſpouuantables, que la nuit

V

& la mer qui l'entouroient; vn bruit qu'il entendit au haut de la Tour luy redonna l'esperance, qu'il auoit perduë. Il luy sembla oüir quelques paroles, qu'il ne pût pas bien entendre; ausquelles ayant respondu par vn bruit qu'il fit de son costé, il oüit bien-tost apres tomber quelque chose dans la mer, & ayant regardé auec plus d'attention, il apperçeut ie ne sçay quoy de blanc qui paroissoit sur l'eau, & s'en estant approché, & l'ayant tiré à soy; il reconnût que c'estoit vne échelle de corde, qui descendoit de la tour, au bout de laquelle on auoit attaché du liege, & du linge, afin qu'elle se pût voir. Alors Alcidalis se laissa tromper à l'apparence de sa bonne fortune, & il creut qu'elle luy vouloit rendre quelque chose de Zelide. Aussi-tost sans considerer les dangers où il se iettoit, & dans les tenebres, & malgré les vents qui soufloient horriblement : il entreprenoit par vn chemin si perilleux de monter à vne hauteur extreme, sans sçauoir où il alloit, de qui, ni comment il seroit receu. Il monta sur l'échelle, & commença à cheminer auec plus de disposition & de ioye qu'il n'eust fait par le plus riche escalier du monde : apres auoir monté plus de cent échelons, il se trouua à vne fenestre, où il apperçeut vne personne qui luy tendit la main; & qui sans luy dire mot, le conduisit par plusieurs détours & passages, au bout desquels, il se trouua dans vn cabinet éclairé de trois lampes d'or,

le plus richement paré qu'il eut veu de sa vie, &
qui passoit toutes les richesses & les ornemens du
Palais de son pere. A la lüeur de la lampe il vit
que c'estoit vne femme qui l'auoit conduit, & qui
luy ayant dit qu'il se reposast, & qu'il attendit, sortit en mesme temps & l'enferma. Il luy sembla
que c'estoit la mesme, qui luy auoit dit deux iours
auparauant qu'il se trouuast au pied de la Tour
des Grecs. Alors considerant toutes les choses qui
s'estoient passées, & celles qu'il voyoit : il se confirma dauantage dans l'opinion qu'il auoit qu'il
estoit appelé de Zelide, & au milieu de tant de perils qu'il se pouuoit imaginer, par vn secret pre-
sentiment de son mal, il ne craignoit rien tant
que de ne la point voir. Ie ne puis dire les diuerses pensées qu'il eut, les impatiences, les desirs, &
les craintes, les deffiances, les soupçons, les sursauts,
les alarmes, & mille differentes passions, dont il
estoit agité en mesme temps. Tout cela ne se peut
representer sur le papier, & il n'y a que l'esprit humain qui soit capable de cette confusion.

Il fut vne heure ainsi dans le plus profond silence
du monde, sans entendre aucun bruit de nulle
part : mais s'en imaginant à chaque moment auec
des agitations estranges. Enfin il luy sembla oüir
des pas, & le bruit d'vne clef, auquel ayant tour-
né la teste, il vit ouurir vne autre porte que celle
par où il estoit venu, qui estoit couuerte d'vne
tapisserie : & entrer en ce lieu la mesme personne

V ij

qui l'y auoit conduit, qui s'estant approchée de
luy auec vn visage riant, luy dit. Vous me pardon-
nerez bien-tost, Clariant, de vous auoir fait attendre, & connoistrez que l'honneur que vous allez receuoir meritoit bien d'estre attendu. Alors le Prince l'ayant remerciée, & priée de luy dire quel estoit
cét honneur dont elle luy parloit : apres s'estre
arrestée & auoir pensé quelque temps, elle luy dit.
Clariant, si on ne croyoit connoistre suffisamment
la force, & la grandeur de vostre ame par ce que
l'on à veu de vous, on ne vous déclareroit pas
vostre bonne fortune tout à coup, & on vous
donneroit du temps pour vous y accoustumer, &
voir comme vous la pourriez porter. Mais il est
à croire de vous que vous ne vous estonnerez pas
de vostre bonheur, quel qu'il puisse estre, & que
vos pensées ne sont pas moins hautes & moins
grandes que vos actions. Sçachez donc que vous
estes dans le cabinet de Zelide, & que dans vn
moment vous serez dans sa chambre : la Duchesse a remarqué toutes les qualitez qui vous rendent
estimable, & voyant qu'il n'y a rien en vous de bas
que vostre fortune, elle en veut auoir soin elle-
mesme, & la rendre meilleure; & pour cela elle
vous veut connoistre. Voyez de vostre costé à vous
bien seruir de cette occasion, & monstrez desor-
mais autant de discretion & de conduite, que vous
auez fait voir iusqu'icy d'adresse & de valeur.
Ayant dit cela elle sortit par la mesme porte par

où elle eſtoit entrée; d'où elle le mena dans la chambre de ſa Maiſtreſſe.

Que la foibleſſe de nos ames eſt eſtrange! Alcidalis que la mort, & tout ce qu'il y a de plus horrible n'euſt pû épouuanter: qui malgré le vent, la nuit, & la mer, ſur de foibles échelons de corde, eſtoit monté ſi gayement au haut de la tour, & qui eut entrepris en plein iour, de deliurer ſeul la Ducheſſe d'entre les mains & le pouuoir du Duc: tremble en ce lieu, où il ſçait qu'il n'y a que des femmes. Ce cœur qui eut affronté ſans crainte vn monde d'ennemis, eſt agité & tranſi de peur, à l'approche de la ſeule perſonne qu'il ayme; & dont il ſçait qu'il eſt aymé.

La chambre n'eſtoit éclairée que d'vn flambeau, & la Ducheſſe eſtoit au lit auec le peu de lumiere, que deſirent telles entrepriſes; & la honte & l'étonnement d'vne ieune perſonne, qui n'y eſt pas encore accouſtumée. Ainſi quand le Prince euſt eſté plus en luy-meſme & moins preuenu, à peine euſt il pû connoiſtre ſon erreur, & la ſupercherie que la fortune luy faiſoit. D'abord il ſe mit à genoux deuant elle, & ayant commencé à dire quelques paroles qui furent mal prononcées, & plus mal ſuiuies, il demeura au milieu de ſon diſcours. Le trouble de ſon eſprit, & l'agitation de tant de paſſions le preſſerent, de ſorte qu'il ne put continuer; & à demy hors de luy-meſme, il ſe laiſſa tomber la teſte ſur le lit de la ieune Princeſſe: la-

quelle ayant porté la main pour le repouſſer, il la
prit & reuenant par là en luy-meſme, apres l'a-
uoir moüillée de beaucoup de larmes, il dit ainſi.
Enfin, Zelide, le Ciel a eu vn peu de pitié du
miſerable Alcidalis, & quelque contraire qu'il me
ſoit, ie luy rends mille graces, de ce qu'au moins
deuant que ie meure, il m'a permis vne fois de
vous voir. Ses ſoupirs interrompirent là ſon diſcours ; & comme il le vouloit reprendre, ils en-
tendirent vn grand bruit dans le Palais, auquel
celle qui l'auoit conduit eſtant ſortie, r'entra toute éperduë, diſant que c'eſtoit le Duc ; & qu'il eſtoit
deſia dans le quartier de la Ducheſſe. Ce bon
homme bien loin d'imaginer ce qui ſe paſſoit dans
ſon Palais, eſtoit ſorti en deſſein d'eſtre trois iours
à la chaſſe : mais ſoit que ſon amour, ou ſa ialouſie le r'appelaſt, ou qu'il creut faire par là vne
grande galanterie, & teſmoigner ſon impatience, & ſon affection à la Ducheſſe, il eſtoit reuenu le iour meſme, & deuant toute autre choſe
accourut à grand haſte pour la voir.

Il me déplaiſt extremement qu'il ſoit venu ſi
hors de temps, car i'euſſe eſté bien-aiſe de voir ce
que la Ducheſſe eut reſpondu dans l'étonnement,
où vray-ſemblablement elle eſtoit de ce qu'elle
venoit d'entendre. Ie le trouue fort faſcheux d'e-
ſtre arriué en cette occaſion, & ſi i'euſſe fait l'hiſtoire par dépit, ie l'euſſe fait ****. La Ducheſſe dans l'étonnement, où elle eſtoit, de cette ſur-

prife, & de ce qu'elle venoit d'entendre, ne put
rien dire. La Dame qui auoit amené le Prince le
reprit par la main, & l'ayant remené par les mefmes endroits qu'il eftoit venu, en vn moment
elle le mit à la feneftre; par laquelle voyant les
trahifons que luy faifoit la Fortune, il eut enuie
de fe precipiter au lieu de defcendre ****.

J'Ay creu que ie ne pouuois mieux remplir
le vuide de cette histoire que de la lettre de
Monsieur Costar sur le suiet de cét Ouurage.
Il en parle si dignement, & si fort à l'auantage des Fragmens des excellens hommes,
que rien ne sçauroit mieux consoler le Lecteur,
du regret de ne voir point la fin de cette auenture. Ie voudrois bien luy auoir pû donner la
satisfaction toute entiere, & que l'Autheur eût
esté iusqu'au bout : à ce defaut ie luy feray part
d'vn autre Fragment de sa façon, qui n'auoit pas
eu iusqu'icy la hardiesse de se montrer tout seul,
mais qui à la faueur de l'autre pourra bien n'e-
stre pas dédaigné de ceux qui le verront. Si sa
matiere n'est aussi pleine de charmes, & aussi
riante que du premier ; elle est en recompense
plus graue & plus serieuse, & ie m'asseure que
le Lecteur iudicieux ne regrettera pas moins sur
son suiet, que sur celuy de l'autre, qu'il n'ait point
sa perfection.

LETTRE
DE MONSIEVR
COSTAR,
A MONSIEVR
DE PINCHESNE.

SVR LE SVIET DV FRAGMENT
D'ALCIDALIS.

ONSIEVR,

   Si i'en fuis creu vous ne priuerez pas le public
de ce commencement d'Hiftoire , dont il vous a
X

pleu de me faire part. C'est vn grand dommage
que vous ne puissiés la luy donner toute entiere : Et
le pis que i'y vois, c'est vn dommage irreparable;
puis qu'il n'y auoit en France que le seul Monsieur
de Voiture, qui pût acheuer ce que Monsieur de
Voiture auoit commencé. Cependant ie connois
assés le goust des honnestes gens, pour vous oser
répondre, que ce petit Fragment *d'Alcidalis*, ne sera
pas moins recherché que s'il y auoit mis la derniere
main, & mesme qu'il en arriuera peut-estre, comme de l'Iris d'Aristide, des Tyndarides de Nicoma-
que, & de là Venus d'Apelles. Qui au rapport de
Pline, n'ayant que leurs premiers traits, furent plus
admirées & plus estimées de la Grece curieuse, sça-
uante, & polie; que toutes les autres pieces que ces
grands Peintres auoient le plus trauaillées & le plus
finies. Pline adiouste; *Quippe in ijs lineamenta reli-*
qua, Ipsæque cogitationes artificum spectantur, atque in le-
nocinio commendationis dolor est , manus cum id age-
rent extinctæ desiderantur. Ie vous allegue ce latin,
Monsieur, parce que ie n'en ay pû faire de François
qui fut de son prix & de son merite, quelque effort
que i'aye fait dans ma premiere deffence , d'en exprimer toute la force, quand i'ay dit.

,, Tout ainsi que la pieté cósacre les plus belles cho-
,, ses, quand elles ont touché les corps des Saints, ou
,, seulement leurs os & leurs cendres. De mesme l'ad-
,, miration & l'amour se font des Idoles, de tout ce
,, qui porte le nom des hommes extraordinaires, qui

›› leur ont esté rauis ; & comme si chacun estoit capa-
›› ble de la mesme deuotion & du mesme culte, elles
›› les proposent en veneration à toute la terre, & à tous
›› les Siecles. Il ne leur est point échappé de billets si
›› peu importans ny si negligez, que leurs Partisans
›› passionnez ne regardent comme de precieuses reli-
›› ques de ces gráds Esprits, dignes d'estre grauées dás
›› le marbre & dans le bronze, & de passer iusques à la
›› derniere posterité. Sur tout, s'ils découurét quelques
›› Fragmens, quelques parties d'vn corps qui ne soit
›› que demy formé, quelques commencemens gros-
›› siers d'vne piece qui soit demeurée imparfaite ; c'est
›› alors que le desespoir de la posseder iamais toute en-
›› tiere, reueillant l'affliction de la perte de l'Ouurier,
›› met vne haute enchere à son ouurage, & en releue le
›› prix iusques à l'infiny : outre que l'imagination qui
›› ne manque point, quand on la laisse en sa pleine li-
›› berté, de grossir & d'agrandir les obiets au de là du
›› naturel , se figure des graces, des beautez, & vne
›› certaine idée de perfection , qui est au dessus des
›› exemples ; & qui surpasse le genie de l'Artisan , &
›› souuent mesme la puissance de son art.

Mais pour reuenir à nostre Roman, asseurez-vous
Mʳ. que la Cour luy fera vn tres-fauorable accueïl,
quoy que la suitte & la conclusion , y soient à desirer ; & que ce qui luy manque, sera cause que les sages
diront, encore auec plus de verité qu'ils n'ont fait
iusques icy, *que les plus belles choses du Mõde sont impar-*
faites. On ne peut rien voir à mon gré, qui soit écrit

plus galamment : Sans parler de la iudicieuse œco-
nomie du deſſein ; de l'agreable varieté de l'éuene-
ment ; & de la richeſſe des deſcriptions. Les entre-
tiens ſont tout enſemble ſi naïfs & ſi fins, ſi delicats
& ſi forts, ſi iuſtes & ſi détournez, ſi naturels & ſi
furprenants ; que i'en ſuis charmé. Quelques rares
que ſoient ſes penſées, il n'eſt pas allé les chercher
bien loin, il les a trouuées ſur les lieux , & en des
lieux, où i'ay paſſé cent fois en ma vie ſans y remarquer rien qui ne fut commun. Mais c'eſt , que cét
excellent Genie auoit le ſecret de découurir dans le
fonds des choſes ; des veines de marbre , des mines
d'or , des carrieres de diamans ; & en vn mot des
Treſors qu'il ſembloit que les Demons euſſent reſeruez pour luy, & qu'ils les euſſét enuiez aux ſimples
mortels : I'entens les Demons des bonnes & des
belles lettres, dont il eſtoit le confident & le fauory.
En effet, Monſieur , il falloit bien qu'il y eut de la
magie en cela ; autrement, pourquoy & moy & mes
confreres les faiſeurs de liures, n'euſſions nous pas
apperçeu ce qui nous paroiſt dans ſes écrits, ſi fa-
cile à rencontrer ? Sans doute ſon eſprit familier, qui
luy ouuroit les yeux & qui luy conduiſoit la veuë,
détournoit la noſtre & la couuroit de quelques nüa-
ges. Vous n'en croirez pourtant, Monſieur, que ce
qu'il vous plaira : pourueu que vous vous laiſſiez perſuader ce que ie demande inſtamment de vous, qu'à
la premiere edition nouuelle des œuures de Monſieur voſtre Oncle, vous preniez le ſoin d'y faire ad-

iouſter ſon *Alcidalis*. Ie conſens que vous m'en faſ-
ſiez reproche, ſi vous n'en receuez de tous coſtez
des remerciemens & des loüanges ; & ſi pour mon
droit d'auis, vous n'augmentez encore de quelques
carats, la precieuſe amitié dont vous honnorez.

MONSIEVR

Au Mans ce 25. May 1658.

Voſtre, &c.

X iij

ELOGE
DV COMTE
DVC D'OLIVARES,
MINISTRE D'ESPAGNE.
DE MONSIEVR DE VOITVRE.

Le commencement deffaut à ce Fragment aussi bien
que la fin.

En cette occasion il tesmoigna que toutes les
raisons d'Estat ne pouuoient pas tant sur son esprit, que celles de la Religion ; & qu'il aimoit
mieux estre mauuais Politique, que de n'estre pas
bon Chrestien. Son integrité est reconnuë méme
de ses ennemis. Il a tousiours esté liberal de son
bien, & ménager de celuy du Roy; & ce qui ne
semble pas croyable, ayant disposé de plus de cent
cinquante millions, il est auiourd'huy endetté de
cinq cens mil escus. Son train, sa dépence, & sa

maifon font comme d'vne perfonne priuée, auffi
bien que fon affabilité, & grande facilité qu'il y a
de luy parler. Les autres qui tiennent vne place
pareille à la fienne, fuyent égalément les amis, &
les ennemis : & n'ont pas moins de peur de ceux
qui demandent du bien, que de ceux qui peuuent faire du mal. Pour luy, il ne craint point
les vns, & il efcoute les autres; & ne pouuant
tout accorder, il croit au moins qu'il doit tout entendre. Pour ce qui eft de fon efprit, il ne peut, ce
me femble, eftre mis en doute de perfonne; pour
en faire imaginer la grandeur, il fuffit de dire qu'il
s'eftend aux deux bouts du monde, qu'il gou-
uerne en Orient & en Occident, & conduit feul en
mefme temps les plus importantes affaires de l'Europe. Pour ce que i'en ay pû connoiftre, il eft
merueilleuffement prompt, actif & penetrant, fub-
til, charmant, & agreable, plein de feu, & de lumiere. Il parle fa langue; c'eft affez pour cela de
dire qu'il s'appelle Guzman, & qu'il eft de cette
illuftre foufche qui eftoit celebre en Efpagne deuant qu'il y eut des Roys en Caftille; & qui a laiffé à
cette Nation, les plus anciens & plus rares exemples qu'elle aye de vertu, & de fidelité. Son Pere
Dom Pedro de Guzman, eut en fon temps peu
ou point de pareils en efprit, ou en merite; &
cette loüange étoit alors de plus grand poids qu'elle
ne feroit à prefent. Il fut Ambaffadeur aupres du
Pape, & en fuite Vice-Roy de Sicile, & puis de

Naples, & eſtant de retour à Madrid, il fut mis
dans le Conſeil d'Eſtat, qui eſt en cette Cour le
plus haut degré d'honneur, & de dignité. Eſtant
à Rome ſon fils **** de Guzman luy naſquit,
lequel pour eſtre le puiſné fut deſtiné à l'Egliſe,
& les premieres années de ſa ieuneſſe employées
aux eſtudes; mais quelque temps apres il demeura
l'aiſné par la mort de ſon frere & par celle de ſon
Pere heritier de ſoixante mil ducats de rente. Eſtant
ieune il fut extremement bien fait de ſa perſonne, grand, agreable, & de belle taille, le meilleur homme de cheual de toute l'Eſpagne, vaillant,
adroit, liberal, & magnifique, & fut ſans doute
le plus galand de la Cour, iuſqu'à ce qu'il en fut le
plus puiſſant. Il entra dans les affaires en vn temps
où il ſembloit que le Genie d'Eſpagne commençoit à ſe laſſer, & que cette Monarchie qui auoit
eſté miſe au dernier point de ſa grandeur par
Charles Quint, & ſubſiſté à peine ſous Philippe
ſecond, ſembloit vouloir decliner ſous les autres
Roys. Ceux qui ne peuuent iamais eſtre contens
des choſes preſentes, & qui cherchent touſiours
des ſuiets de plaintes dans la preuoyance de l'a-
uenir, ou dans la comparaiſon du paſſé; regrettent
la grandeur & la richeſſe de la Cour telle qu'elle
eſtoit ſous Philippe troiſiéme, & trouuans par
tout à cette heure, moins de luſtre, & de bonheur,
y concluent auſſi moins de conduite. Mais il faut
conſiderer que ceux qui ont tenu cette place deuant

uant luy ont toufiours gouuerné durant le calme,
en vn temps où il ne falloit que tendre les voiles,
que les chofes alloient d'elles-mefmes, & que les
vents ne fouffloient que pour faire venir l'or des
Indes. L'Allemagne qui fe fouuenoit encore de
la bataïlle de l'Elbe, & d'auoir veu l'Aigle de
l'Empire auec la foudre de Charles. Quint, ne pouuoit au plus auoir que de mauuais deffeins. Les
Hollandois n'imaginoient point encore de plus
grand bonheur, que de iouïr de la treue. L'Angle-
tere eftoit gouuernée par vn Roy vieux, & Philofophe ; la France par vn mineur. Toute l'Europe dormoit en repos, & en filence, & les Mini-
ftres d'alors n'eftoient occupez qu'à diftribuer les
trefors du Perou, & à donner ou refufer des graces. Celuy-cy au rebours a toufiours cheminé auec
vn vent contraire ; parmy les tenebres, & lors que
le Ciel eftoit couuert de toutes parts, il a tenu fa
route au milieu des bancs & des écueils, & durant la
tempefte & l'orage il a eu à conduire ce grand vaiffeau, dont la prouë eft dans l'Ocean Athlantique, &
la poupe dans la Mer des Indes. Il a eu à s'oppofer
en France aux deffeins d'vn grand Miniftre, haïf-
fant particulierement les Efpagnols, habille, hardy,
& tout-puiffant fur l'efprit d'vn Roy ieune, guer-
rier, & heureux en mefme temps. Du cofté du Nord,
la Fortune à fufcité à la maifon d'Autriche, le plus
dangereux ennemy qu'elle aye iamais eu ; vn con-
querant en qui la moindre qualité eftoit celle de

Y

Roy sage & vaillant, prudent & auantureux, de grande experience, & de grands desseins, & qui ayant toutes les vertus d'Alexandre, n'auoit pas vn de ses vices que son ambition. Ainsi cette Monarchie par elle, ou par ses alliez a eu tout à la fois pour ennemis les François, & le Duc de Sauoye ; les Anglois, les Hollandois, les Protestans d'Allemagne, & le Roy de Suede : & cela en vn Siecle tres sterile de grands hommes pour l'Espagne, & ou la Fortune luy estoit plus ennemie que tout le reste. Celui-cy alloit tous les iours de l'Escurial à Madrid auec deux Secretaires dans son carrosse, & cette personne qui fait mouuoir tant d'Armées, & agir tant de millions d'hommes n'en a d'ordinaire que trois ou quatre à sa suitte. Il n'y a point d'accompagnement si glorieux que cette solitude, la meilleure preuue de n'auoir point failly, est de ne point craindre. Pour sa conscience, nous sommes obligez particulierement de la reconnoistre apres la facilité qu'il nous a donnée, à la ruïne des Huguenots, & à la destruction de la Rochelle. Que si les vents ont porté briser contre la coste de Guyenne les Carraques qui se deuoient descharger dans Lisbonne, si les Generaux des flottes les ont laissé prendre toutes entieres ; & si la Mer en a englouty d'autres, si le Marquis de Spinola est mort deuant que de prendre Cazal, si les Allemans estans les plus forts, se sont laissez battre à Veillane ; si les chefs des Armées ayans de grands auantages ont suby des conditions desauantageu-

fes, & fi la bonne fortune ou la bonne conduitte
du Roy de Suede à gagné la bataille de Lipfic ; ce
font des accidens que le Comte d'Oliuares n'a peu
empefcher, & qu'il a fallu qu'il ait reparez. Vn des
malheursde ceux qui gouuernent, c'eft que des chofes bien faites & qui ont vn bon fuccez , chaque
particulier tache d'en tirer à foy la gloire, & que celles qui reüffiffent mal fe reiettent toutes fur vn feul.
Sa conduitte à donné remede à toutes les chofes qui
en pouuoient receuoir, & fi elle n'a peu tout releuer,
c'eft beaucoup quelle ait empefché que tout ne tô-
bât. Quand la Fortune ne s'eft point oppofée à fes
confeils , & qu'elle à laiffé faire fa prudence : Les
bons fuccez luy font venus en foule de tous coftez,
en vne mefme année il conquift Breda , non feulement fur les Hollandois, mais fur tous les Poten-
tats de l'Europe. Il fauua Gennes qui eftoit à demy
Françoife & auoit vingt-mille François à fes portes.
Il fit abandonner Calis aux Anglois, auec tant de
diligence, qu'il fembla que l'on ne les eut laiffé entrer en Efpagne, que pour auoir le plaifir de les en
Chaffer; & en méme temps à l'autre bout du Monde, auec douze mil hômes il conquit le Brefil. Ainfi
à la fois, il triompha de toute la terre, & eut des vi-
ctoires qui pouuoient rendre toute fa vie heureufe
& illuftre, fi elles euffent efté departies en diuers
temps. Le malheur à peu quelque fois renuerfer fes
deffeins, mais iamais fa conftance. Ie luy ay veu receuoir d'vn mefme vifage la nouuelle de la prife de

Maſtric, & de la mort du Roy de Suede. Et le iour que
la Fortune en luy oſtât ſa fille luy rauit ſes plus cheres eſperances, il eut la force de donner audience,
& de vacquer aux affaires : les ſentimens de Pere ce-
derent au deuoir de Miniſtre; il creut qu'il ne luy
eſtoit pas permis d'abandonner aux larmes les yeux
qui veilloient pour le bien de l'Eſtat, & qu'vn Eſprit
qui auoit à ſa charge la moitié du monde, ne deuoit
pas eſtre troublé du malheur d'vne famille. Son
gouuernement a eu particulierement le bon-heur
de n'auoir point eſté taché de ſang, & d'auoir eſté
exempt de proſcriptions. Ses ſoupçons & ſes craintes n'ont pas dépeuplé la Cour pour remplir les pri-
ſons. Le crime de leze-Maieſté n'a pas ſeruy de pretexte à ſes vangeances; & quoy que l'on ait fait ou
dit contre luy, il n'a iamais reconnu d'autres ennemis que ceux de l'Eſtat. Mais pour ce que cét homme ſeul fait vne grande partie de cette Cour, que
ſon nom eſt connü de toute l'Europe, ſa perſonne
de peu de gens; & que chacun en a de differentes
impreſſions, ſelon l'affection, la haine ou l'enuie de
ceux qui luy en ont fait le rapport : Il ne ſera pas
mal a propos d'interrompre la ſuitte de ce diſcours
pour dire quelque choſe plus particulierement de
luy.

La Fortune à de tout temps accouſtumé de prendre bien bas ceux qu'elle veut mettre bien-haut, &
pour faire mieux connoiſtre ſon pouuoir, elle ſe
plaiſt à former de rien ſes creatures : elle n'a

pas gardé cette regle au choix quelle a fait du Comte Duc d'Oliuarez, qu'elle trouua defia fi haut qu'à
peine l'a-t-elle fçeu éleuer, & que toute fa faueur ne
luy à peu donner de tître qui ne fe trouuât defia
dans fa maifon. Les Maiftres des Genealogies qui
ont l'art de faire defcendre des Rois, ceux qui en
font aimez, & d'adopter chacun comme il leur plaift
en telle race qu'il veüille choifir, n'ont eu que faire de trauailler pour monftrer la grandeur de la
fienne ** ****.

ERRATA.

PAge 9. lig.2. Nor-touëst, *lisez* Nort-ouest.
   page 28. lig.14. d'Argel, *lisez* d'Alger.
page 44. lig.5. prendre part, *lisez* & prendre part.
page 48. lig.27. deissein, *lisez* dessein.
page 87. lig.21. pensées, *lisez* pensée.
page 92. lig.9. fusses, *lisez* fussent.
page 107. lig.25. tellemement, *lisez* tellement.
page 116. lig.13. vn autre, *lisez* vne autre.
page 124. lig.3. grands peines, *lisez* grandes peines.
page 150. lig.21. cela donna, *lisez* luy donna.

S'il se rencontre quelques autres fautes, le Lecteur aura
la bonté d'y suppléer.

PRIVILEGE DV ROY.

OVIS PAR LA GRACE DE DIEV ROY
DE FRANCE ET DE NAVARE : A nos
Amez & Feaux Conseillers les gens tenans nos
Cours de Parlement , Maistres des Requestes ordi-
naires de nostre Hostel ; Baillifs, Seneschaux , Pre-
uosts, leurs Lieutenans , & à tous autres nos Iusti-
ciers & Officiers qu'il appartiendra , Salut ; Nostre cher & bien amé
Augustin Courbé Marchand Libraire en nostre bonne ville de Paris,
Nous a fait remonstrer qu'il a cy-deuant fait imprimer les Oeuures du
Sieur de Voiture, tant en Prose qu'en Vers , en vertu du Priuilege
qu'il nous auoit pleu luy en accorder; & que comme elles ont esté
tres fauorablement receües du public, cela luy a donné sujet de rechercher auec soin, beaucoup de pieces curieuses du mesme Autheur,
qui estoient entre les mains de diuers particuliers ; lesquelles il a re-
couurées, & desireroit les faire imprimer auec les autres, s'il nous plai-
soit de luy accorder nos Lettres sur ce necessaires, attendu que ledit
Priuilege, en vertu duquel les Oeuures ont desia esté mises en lumiere, est prest d'expirer, & qu'il en a besoin d'vn nouueau pour les pieces
qu'il pretend y adiouster. A CES CAVSES , Nous auons permis &
permettons par ces presentes à l'Exposant, d'imprimer , faire imprimer , vendre & debiter en tous les lieux de nostre obeïssance, lesdites
Oeuures du Sieur de Voiture, tant en Prose qu'en Vers, & l'addition
desdites pieces, & ce coniointement ou separement, en vn, ou plusieurs volumes, en telles marges, en tels caracteres, & autant de fois
qu'il voudra durant vingt années, à compter du iour que chaque piece
ou volume sera acheué d'imprimer, en vertu des presentes. Et faisons
tres-expresses deffenses à toutes personnes de quelque qualité & condition qu'elles soient, d'imprimer, vendre, ny distribuer en aucun lieu
de nostre obeïssance lesdites Oeuures, auec, ou sans lesdites additions,
sans le consentement de l'Exposant, ou de ceux qui auront son droit,
sous pretexte d'augmentation, correction, changement de titre, fausses
marques ou autrement , en quelque maniere que ce soit ; à peine de
quinze cens liures d'amende , payables sans deport par chacun des
contreuenans, & applicables vn tiers à nous, & vn tiers à l'Hostel-
Dieu de nostre bonne ville de Paris , & l'autre tiers à l'Exposant , de
confiscation des Exemplaires contrefaits , & de tous despens domma-

ges & interests ; à condition qu'il sera mis deux Exemplaires qui seront imprimez en vertu des presentes , en nostre Bibliotheque publique , '& vn en celle de nostre tres cher & feal le Sieur Segvier
Cheualier Chancelier de France , auant que de les exposer en vente,
& qu'elles seront registrées dans le Liure de la Communauté des Libraires de nostredite ville de Paris, suiuant les Arrests de nostre Cour
de Parlement , à peine de nullité d'icelles. Du contenu desquelles,
Nous voulons & vous mandons , que vous fassiez ioüir plainement &
paisiblement l'Exposant , & ceux qui auront droit de luy, sans souffrir qu'il leur soit donné aucun trouble ny empeschement. Voulons
aussi qu'en mettant au commencement, ou à la fin de chacun desdits Exemplaires, vn Extrait des presentes , elles soient tenuës pour
deuëment signifiées , que foy y soit adioustée , & aux copies colla-
tionnées par vn de nos Amez & Feaux Conseillers & Secretaires,
comme à l'Original. Mandons au premier nostre Huissier, ou Sergent
sur ce requis , de faire pour l'execution d'icelles tous Exploits necessaires , sans demander autre permission. CAR tel est nostre plaisir,
nonobstant Clameur de Haro , Chartre Normande , Edits , Declara-
tions, Arrests, Reglemens, Statuts, & confirmation d'iceux, Priuile-
ges obtenus ou à obtenir , soit que le temps de ceux qui ont esté obtenus soit expiré, ou non ; oppositions quelconques, & sans preiudice
d'icelles, pour lesquelles nous n'entendons qu'il soit differé & dót nous
retenons la connoissance à nous , & à nostre Conseil ; & qui ne pour-
ront nuire audit Exposant , en faueur duquel , & du merite desdits
Ouurages, nous derogeons à tout ce que dessus pour ce regard seulement. Donné à Paris le 20. iour d'Octobre 1657. Et de nostre Re-
gne le quinziesme. Par le Roy en son Conseil, Conrart.

Registré sur le Liure de la Communauté des Libraires , suiuant l'Ar-
rest de la Cour de Parlement , du 8. Avril 1653. fait le 26.
Octobre 1657. Signé, D. Bechet Scindic.

Les Exemplaires ont esté fournis.

Acheué d'imprimer le 20. Aoust 1657.

TABLE
DES LETTRES
ET AVTRES PIECES
DE CE VOLVME.

Z

TABLE

METAMORPHOSES.

DES LETTRES.

F I N.

www.ingramcontent.com/pod-product-compliance
Lightning Source LLC
Chambersburg PA
CBHW070859030726
47504CB00005B/1397